新时代智库出版的领跑者

智库 中社
国家智库报告 2023（41）
National Think Tank
国际

文化名家暨“四个一批”人才项目成果

“一带一路”倡议：
人类命运共同体在欧亚地区的探索与实践

孙壮志 主编

THE BELT AND ROAD INITIATIVE: EXPLORATION AND PRACTICE OF BUILDING A COMMUNITY WITH A SHARED FUTURE FOR MANKIND IN THE EURASIAN REGION

中国社会科学出版社

图书在版编目(CIP)数据

"一带一路"倡议：人类命运共同体在欧亚地区的探索与实践 / 孙壮志主编. —北京：中国社会科学出版社，2023. 12

(国家智库报告)

ISBN 978 - 7 - 5227 - 2944 - 2

Ⅰ. ①一… Ⅱ. ①孙… Ⅲ. ①"一带一路"—国际合作—研究—中国、欧洲 Ⅳ. ①F125. 55

中国国家版本馆 CIP 数据核字（2023）第 247685 号

出 版 人 赵剑英
项目统筹 王 茵 喻 苗
责任编辑 侯聪睿
责任校对 李 莉
责任印制 李寡寡

出 版 中国社会科学出版社
社 址 北京鼓楼西大街甲 158 号
邮 编 100720
网 址 http://www. csspw. cn
发 行 部 010 - 84083685
门 市 部 010 - 84029450
经 销 新华书店及其他书店

印刷装订 北京君升印刷有限公司
版 次 2023 年 12 月第 1 版
印 次 2023 年 12 月第 1 次印刷

开 本 787 × 1092 1/16
印 张 12. 5
插 页 2
字 数 162 千字
定 价 68. 00 元

凡购买中国社会科学出版社图书，如有质量问题请与本社营销中心联系调换
电话：010 - 84083683

《“一带一路”倡议：人类命运共同体在欧亚地区的探索与实践》编委会

摘要：“一带一路”倡议借鉴历史上“丝绸之路”的文化符号与互通意义，是由中国发起、世界响应、各国共同智慧的结晶与集体共识的产物。“一带一路”倡议自实施以来，在以习近平同志为核心的党中央坚强领导下，取得丰硕成果。实践证明，政策沟通是共建“一带一路”的行动先导，设施联通是共建“一带一路”的基石，贸易畅通是共建“一带一路”的着力点，资金融通是共建“一带一路”的支撑和保障，民心相通是共建“一带一路”的根基和关键。近年来，越来越多的国家积极参与“一带一路”建设，“一带一路”建设为全球治理贡献了中国智慧。

“一带一路”以人类命运共同体为理想指引，以新型国际关系为路径选择，以发展伙伴关系网络为抓手，以合作共赢为目标追求，推动了中国发展理念创新，凸显了中国的大国责任感和历史使命感。人类命运共同体与“一带一路”有着内在逻辑关系，两者之间互相支持、互相促进，高质量共建“一带一路”能够通过建构牢固有效的互联互通伙伴关系更好地驱动人类命运共同体的建设进程。

欧亚地区共建“一带一路”呈现出以下显著特点：坚持元首战略引领，强化政治保障；践行丝路精神，凝聚合作共识；推动中俄关系发展，筑牢大国关系框架；践行真正多边主义，塑造制度环境；发挥经济互补优势，共享发展成果。

共建“一带一路”正在成为中国参与全球开放合作、完善全球治理体系、促进全球共同发展繁荣、推动构建人类命运共同体的中国方案。

关键词：“一带一路”倡议，人类命运共同体，欧亚地区，战略对接

Abstract: Initiated by China and responded to by the world, the Belt and Road Initiative is the crystallization of the common wisdom and the product of collective consensus of all countries, drawing on the cultural symbols and connectivity of the ancient Silk Road. Since the implementation of the Belt and Road Initiative, under the strong leadership of the Central Committee of the Communist Party of China (CPC) with Comrade Xi Jinping at its core, China has made fruitful achievements of the Belt and Road Initiative by coordinating and planning for high-quality development and constructing a new pattern of development. Policy coordination is the forerunner and important guarantee for the Belt and Road Initiative; connectivity of infrastructure is the cornerstone of the Belt and Road Initiative; unimpeded trade is the focus of the Belt and Road Initiative; financial integration is the important support and guarantee of the Belt and Road Initiative; and people-to-people connectivity is the foundation and key to the Belt and Road Initiative. In recent years, more and more countries have actively participated in the Belt and Road Initiative, which complements and improves the current global governance system.

With building a community with a shared future for mankind as its ideal guide, a new type of international relations as its path, a network of partnership as its mainstay, and win-win cooperation as its goal, the Belt and Road Initiative has promoted innovation in China's development concept and highlighted China's sense of responsibility as a major country and its sense of historical mission. There is an inherent logical relationship between the community with a shared future for mankind and the Belt and Road Initiative. They are mutually supportive and mutually reinforcing. Specifically, the high-quality Belt and Road cooperation can better drive the building of a community with a shared future for mankind through the establishment of solid and effective connectivity partnerships.

The Belt and Road cooperation in the Eurasian region has the following distinctive features: adhering to the strategic leadership of the head of state for strengthened political guarantee; carrying forward the spirit of the Silk Road for greater consensus on cooperation; promoting the development of Sino-Russian relations for a solid framework for relations among major countries; practicing true multilateralism to shape the institutional environment; and leveraging economic complementarity for sharing the fruits of development.

The Belt and Road Initiative is becoming China's solution for participating in global open cooperation, improving the global economic governance system, promoting global common development and prosperity, and advancing the building of a community with a shared future for mankind.

Key words: The Belt and Road Initiative, A community with a shared future for mankind, Eurasian region, Synergy of strategies

目　　录

第一部分　历史与时代

第二部分　倡议与探索

第三部分 变局与形势

第四部分 实践与发展

第五部分 机遇与前景

第一部分

历史与时代

一 “一带一路”倡议十周年回顾①

共建“一带一路”倡议作为21世纪中国倡导、世界各国参与的新型国际合作平台，其内在理念源于“丝绸之路”平等互利、友好往来、文明互鉴的历史传统，是“改革开放”精神与区域协调发展等中国式现代化经验的总结，更是中国积极参与全球治理、维护全球发展的大国责任担当。“一带一路”倡议提出十年来，合作平台不断发展壮大，合作内容逐步优化升级，合作形式持续推陈出新，已成为深受国际社会积极响应与广泛参与的全球发展平台。

（一）“一带一路”倡议缘起背景与目标诉求

“一带一路”倡议借鉴历史上“丝绸之路”的文化符号与互通意义，是由中国发起、世界响应、各国共同智慧的结晶与集体共识的产物。在世界经济高度一体化、世界格局日益复杂化的当今时代，“一带一路”倡议在传承“丝绸之路”平等互利、友好往来、文明互鉴精神的基础上，融入了新形势下中国与世

---

① 本部分作者系蒲小平，中国人民大学欧亚研究院助理研究员，中国人民大学国际关系学院2020级博士研究生。本章内容见蒲小平《“一带一路”十年建设的成就及时代内涵》，《国际论坛》2023年第3期。

界互联互通、协同发展的共同需求，重塑“和平合作、开放包容、互利共赢、互学互鉴”的当代“丝绸之路”精神。

1. 源于友好往来的历史传承与互利共荣的丝路精神

“丝绸之路”是“一带一路”倡议的历史记忆与文化底蕴。“丝绸之路”一词源自德国地理学家李希霍芬（Ferdinand Paul Wilhelm Richthofen），他于1877年出版的《中国——亲身旅行和研究成果》第一卷首次使用“马利奴斯的丝绸之路”一词。尽管李希霍芬的“丝绸之路”线路与实际走向并不符合，但这一概念迅速被东西方学者所接受，用来代指古代东西方交流的陆路要道。①

历史上存在多条“丝绸之路”——有从河西走廊途经塔里木盆地前往中亚河中地区的“西北丝绸之路”；有从蒙古草原途经哈萨克草原通往俄罗斯的“草原丝绸之路”；有从蜀地和东南亚进入印度的“西南丝绸之路”；也有穿越两洋连接非洲的“海上丝绸之路”等。从广义角度讲，作为古代不同文明之间联系的纽带，“丝绸之路”是古代中国与欧亚非政治、经济、文化、人员往来的交通路网的统称。

两千余年来，以“丝绸之路”为载体，实现了各地的文化、技术、商业贸易、宗教知识相互传播、学习、借鉴和融合，实现了中国文明、波斯文明、印度文明、伊斯兰文明及欧洲文明的交流互鉴。正如中国国家主席习近平所言：“丝绸之路曾经为促进不同民族、不同文化相互交流和合作作出过重要贡献。千百年来，在这条古老的丝绸之路上，各国人民共同谱写出千古传诵的友好篇章。”② 从其影响来看，“丝绸之路”是世界史发

① 刘进宝：《从提出背景看“丝绸之路”概念》，《中国社会科学报》2022年5月23日。

② 习近平：《弘扬人民友谊 共创美好未来——在纳扎尔巴耶夫大学的演讲》，《人民日报》2013年9月8日第1版。

展的中心、世界主要文化的母胎和东西文明的桥梁，[①] 对于近现代世界格局与全球体系的形成具有重要意义。从文化角度看，"丝绸之路"是古代中国与世界互动的象征，它不仅承担了早期商品的交换职能，形成了各方互利共赢的局面，更创造了和平、友谊、交往、繁荣的文化符号。

基于"一带一路"共建国家对古代"丝绸之路"的历史记忆和文化底蕴，中国提出"一带一路"倡议，借以表达和传递出对和平、合作、发展、共赢等国际交往价值的追求。在"一带一路"倡议实践过程中，习近平主席指出："为了使欧亚各国经济联系更加紧密、相互合作更加深入、发展空间更加广阔，我们可以用创新的合作模式，共同建设'丝绸之路经济带'。"[②] 中外共建模式旨在打破文明冲突和文化隔离的藩篱，重现古代丝路沿线各地区、各民族平等往来、互利共赢、繁荣和谐的景象。

2. 基于改革开放与区域协同发展的中国式现代化经验总结

"一带一路"倡议的缘起不仅承续了古代中国与世界交流交往的文化积淀，更充分吸取了改革开放、"走出去"与"西部大开发"等中国式现代化建设经验。早在改革开放之初，邓小平同志在深刻总结我国现代化历史经验时曾明确指出，对外开放是我国的长期国策。进入21世纪，随着加入世界贸易组织以及综合国力逐渐提升，中国企业、人才、商品、服务、资金、技术、货币等不断走出国门参与经济全球化进程。党的十七大报告强调："坚持对外开放的基本国策，把'引进来'和'走出去'更好结合起来"，坚持并扩大对外开放理念是中国长期以来

---

① ［日］长泽和俊：《丝绸之路史研究》，钟美珠译，天津古籍出版社1990年版，第3页。

② 习近平：《弘扬人民友谊　共创美好未来——在纳扎尔巴耶夫大学的演讲》，《人民日报》2013年9月8日第1版。

贯彻落实的基本国策。[①] 习近平主席在中亚访问期间强调：构建“丝绸之路经济带”要创新合作模式，加强“五通”，以点带面，从线到片，逐步形成区域大合作格局。[②] 从改革开放到“走出去”再到“一带一路”倡议，中国政府在总结改革开放经验基础上，积极主动打造与世界互联互通政策的更新、升级、制度化和系统化。

“一带一路”倡议作为覆盖世界大部分国家和地区的全球合作倡议，串联起这些发展水平各异、发展程度不一的国家和地区，是中国在“西部大开发”协调地区差异、实现共同发展实践过程中形成的经验总结。由于地理区位、资源禀赋、基础设施等多重因素的差异，中国东西部发展极不均衡。改革开放以来，东部沿海地区过度依赖出口，造成能源、资源、商品进出口以及产品供应链均受制于海洋霸权国家。在海权国家控制下的运输通道、外贸政策、安全战略的调整都会对中国东部地区经济产生严重的冲击。而广大的西部地区则因为地理区位、交通设施和市场资金的约束，长期以来发展较为落后。在此背景下，国家提出“西部大开发”战略，以协调东西部均衡发展。通过一系列海陆开放并举的措施，全面提升了西部地区的发展水平，同时为东部地区打开了新的发展格局。从全球发展指数来看，“一带一路”倡议提出之前，世界各国发展水平呈现的南北差距与中国东西部地区情况类似。在全球化时代，广大亚非拉发展中国家长期受限于地理区位、基础设施和资金技术，社会经济发展缓慢甚至出现停滞。以“五通”为主要内容的“一带一路”倡议为推动共建国家开放、优化资源配置、促进产业

① 胡锦涛：《高举中国特色社会主义伟大旗帜　为夺取全面建设小康社会新胜利而奋斗——在中国共产党第十七次全国代表大会上的报告》，人民出版社 2007 年版，第 27 页。

② 《习主席的“丝路新语”：开放包容　加强“五通”》，《人民日报》2014 年 7 月 2 日论坛特刊第 1 期。

本土化、商品流动自由化以及国家治理现代化方面做出了巨大贡献，为缩小南北发展差距、改革国际经济体系、重构全球经贸格局提供了可行路径。

3. 出于积极参与全球治理、维护世界发展的大国责任担当

2017年1月，习近平主席在瑞士发表题为《共同构建人类命运共同体》的主旨演讲时指出“当前世界面临百年未有之大变局”。近些年来，世界各国围绕发展、安全、环境、地区等问题产生了巨大分歧。全球范围内逆全球化与“脱钩”现象凸显、民粹主义思潮回流、新冷战思维重现、地区冲突加剧，导致全球治理赤字高企，各国对和平与发展时代主题能否持续的忧虑上升。面对复杂的国际形势，强调权力博弈与国际斗争的传统地缘政治思维显然无法适应。在此背景下，党的十九大报告提出中国关于全球治理的“共商、共建、共享”理念，并在“一带一路”倡议实施过程中得到了充分体现，为塑造民主、公正、普惠的国际秩序，促进开放、包容、互惠的全球治理提供了中国方案。

“共商、共建、共享”既是中国的全球治理观，也是“一带一路”倡议的基本原则。“一带一路”倡议包容众多发展水平不同、国家体制差异和文化习俗各异的共建国家、跨国公司、非政府组织和个人等行为体，连接跨区域、多样化的发展中国家。基于“共商、共建、共享”原则，“一带一路”倡议肩负起构建多元协商的国际合作机制、公平公正的经济秩序的使命，贯彻落实中国新型全球治理理念，致力实现全球可持续发展目标，充分体现了中国积极参与全球治理与维护世界发展的大国担当。

（二）“一带一路”倡议实施进展与合作成果

对于如何共建“一带一路”，习近平总书记曾提出“要全面贯彻新发展理念，以高标准、可持续、惠民生为目标，巩固互联互通，拓展国际合作，防范各类风险，努力实现更高合作水平、投入效益、供给质量、发展韧性，高质量共建‘一带一路’”。[①] 十年来，“一带一路”倡议不仅为纠正全球发展失序、解决全球治理赤字做出了积极贡献，而且通过不断突破创新，取得了令人瞩目的成就。

1. **在民生领域的合作成果**

十年来，“一带一路”倡议合作平台不断发展壮大。从“五通”实施指数来看，在政策沟通层面，截至2023年8月，中国已同152个国家、32个国际组织签署200余份共建“一带一路”合作文件，[②] 与32个伙伴国家签署经营者（AEO）互认协议。在设施联通层面，中巴经济走廊公路、瓜达尔港、斯里兰卡科伦坡港、汉班托塔港、印尼雅万高铁、肯尼亚蒙内铁路、中国老挝铁路、希腊比雷埃夫斯港、澜沧江—湄公河国际航道治理工程等基础设施工程相继启动或运营。在海运方向上，截至2022年，中国企业参与了34个国家42个港口的建设经营。[③] 国际陆运线路开通356条，国际航线新增403条，每周约4500个航班直航43个共建国家。中欧班列累计开行超过5.7万列，通达欧洲24个国家的196个城市，助力交通互通。在贸易畅通层面，2013年至2022年8月，中国与“一带一路”共建国家货物贸易额累计高达12万亿美元。[④] 2022年，中国与“一带一路”

① 《习主席的“丝路新语”：开放包容　加强“五通”》，《人民日报》2014年7月2日论坛特刊第1期。

② 《我国已与152个国家、32个国际组织签署共建“一带一路”合作文件》，中国政府网，2023年8月24日，http://www.gov.cn/lianbo/bumen/202308/content_6899977.htm。

③ 中华人民共和国商务部：《“一带一路”专题》，http://tradeinservices.mofcom.gov.cn/list/ydyl/1/cateinfo.html。

④ 刘倩、马鑫：《2023共建“一带一路”：十年征程再出发》，《光明日报》2023年1月11日第12版。

共建国家货物贸易规模再创历史新高，达到13.8万亿元人民币，同比增长19.4%，占中国外贸总额的比重达32.9%，同比提升3.2个百分点，较2013年提升7.9个百分点。在资金融通层面，共建国家间双向投资金额不断攀升，涵盖行业全面拓展。中国对"一带一路"共建国家非金融类直接投资同比增长7.7%，达到1410.5亿元人民币；"一带一路"共建国家对华实际投资增长17.2%，达到891.5亿元人民币，有力助推双方经济增长。在民心相通层面，截至2022年底，中国对"一带一路"共建国家建设的境外经贸合作区已累计投资3979亿元人民币；中巴经济走廊为当地创造了42.1万个就业岗位；中国与"一带一路"共建国家签署的投资合作备忘录达到了31个。① 开设23个鲁班工坊，培养数控机床、工业机器人等前沿专业技术人才，促进了与合作国家人文交流。② 经过十年的经营，"一带一路"已成为点、线、面相结合的立体式多层次全球发展合作平台。

十年来，"一带一路"倡议合作内容不断升级优化，在传统双边合作基础上拓展至新型产业领域。一是共建"能源'一带一路'"平台。"一带一路"两端连接欧洲与东亚两大能源消费市场和新能源技术先进地区，途经中亚、中东、俄罗斯等能源供给地区。"能源'一带一路'"提出以来，中国加入国际能源署（IEA），推动成立上合组织能源俱乐部，与"一带一路"共建国家合作建立多边机制，打造"一带一路"能源合作伙伴关系、提出中国—东盟清洁能源能力建设计划、实施中国—阿盟清洁能源培训中心、建立中国—中东欧能源项目对话与合作中心、构筑中国—非盟能源伙伴关系、建设亚太经合组织可持续

① 《2022年"一带一路"经贸合作成果如何？商务部回应》，封面新闻，2023年2月2日，https://www.163.com/dy/article/HSJOC2KO0514D3UH.html。

② 赵磊、张晗：《以共建"一带一路"助益开放繁荣的美好未来》，《光明日报》2023年1月13日第12版。

能源中心。① 深化国际能源合作，中国与相关国家、国际组织签署40余项能源合作机制、100多份能源合作文件，成为推动全球能源合作的重要支柱。为保障欧亚大陆能源供应稳定、实现能源绿色转型、打造区域能源共同体，搭建国际能源合作对话平台，开启包容性全球能源治理新模式做出了贡献。二是搭建“绿色丝绸之路”纽带。“一带一路”实施以来，中国对新能源与可再生能源投资占能源总投资的比重已经超过化石能源所占比重。2013—2020年，中国新能源企业投资建设的境外光伏和风能装机规模都已经超过9吉瓦。中国还与31个合作伙伴于2021年发起“一带一路”绿色发展伙伴关系倡议，放弃援建海外煤电项目，出资15亿元联合成立昆明生物多样性基金，共建“绿色丝绸之路”，通过绿色消费升级推动绿色农业、绿色食品加工业、环境保护产业发展，引领合作国家绿色低碳经济转型，通过绿色基础设施建设，落实联合国可持续发展倡议。中国倡导的清洁能源基础设施建设，不仅有助于“一带一路”共建国家解决电力短缺，增强能源供应保障，促进经济发展和民生改善，还将减少碳排放和环境污染，助力可持续发展和责任共同体形成。三是打造“健康‘一带一路’”体系。2020年以来，蔓延全球的新冠疫情对人类健康、全球经济和国际交往带来严重冲击。疫情暴发后，中国利用“一带一路”合作平台，加强疫情防控信息和医学诊疗方案共享，协调口罩、呼吸机、疫苗等医疗防疫物资的援助、配给和供应，联合开展新冠疫苗和药物的研发、测试、生产，共同保障“一带一路”共建各国人民生命健康安全。② 2021年，中国同31个“一带一路”共建国家建立疫苗合作伙伴关系，向120多个国家和国际组织提供数十

---

① 《“一带一路”能源合作多边机制》，一带一路能源合作网，http://obor.nea.gov.cn/pictureDetails.html? id=2575。

② 肖晞、宋国新：《新冠肺炎疫情常态化下的“一带一路”合作：挑战、机遇与进路》，《学习与探索》2021年第12期。

亿剂新冠疫苗，拓展了“一带一路”共建国家公共卫生领域合作空间，加速完善合作伙伴携手共建“健康丝绸之路”体系。四是拓展“数字丝绸之路”机制。“数字丝绸之路”提出时，中国已经参与建设多条亚、非与欧、美之间的海底光缆工程。其中，援建非洲电信服务网络50%以上无线基站和移动网络、首个5G商用网络以及20万公里光纤网络，为9亿多非洲人民提供了网络服务。2021年，中国加入《数字经济伙伴关系协定》，共同参与数字经贸规则制定，与20多个“一带一路”共建国家设立“丝路电商”合作机制。中国—东盟信息港等数字信息基础设施建设成效显著，有效推动了数字技术交流、数字经济合作。共建数字丝路信息基础设施有助于弥合发达国家与发展中国家的数字鸿沟，高效推进“一带一路”共建国家社会经济发展的数字化转型。

十年来，“一带一路”倡议合作不断推陈出新。在引领传统经贸合作形式的基础上形成集双边合作、多边合作、区域与全球协作发展的全方位合作形式。在持续推进对外直接投资、海外工程承包合作、海外劳务合作、进出口贸易的基础上，不断结合“一带一路”共建国家的各国实际情况，创新合作形式，如建立境外经贸合作区、开拓第三方市场、开展数字经济合作、促进民生发展合作等，助推“一带一路”共建国家的发展。作为吸引经贸合作投资、促进经济发展的重要平台，经贸合作区在“一带一路”共建国家根据资源禀赋、地缘优势、劳动力成本、产业发展程度差异精准布局，涉及业务从加工制造型、资源利用型、农林开发型等传统产业，向商贸物流园区、高新技术园区等服务型、科技研发型园区转型升级，已成为促进东道国经济发展和经济循环，加强中国与共建国家经济互联互通的重要抓手。①

① 刘洪愧：《“一带一路”境外经贸合作区赋能新发展格局的逻辑与思路》，《改革》2022年第2期。

第三方市场合作开创了国际共享模式，中国与法、日、英等14个国家达成在基建、医疗、物流、金融等领域联合开发第三方市场的共识，有效将中国的产能、西方的技术和“一带一路”共建国家的需求进行对接，共同开发第三方市场，形成三方互利共赢模式。① 新冠疫情传播导致国际交往和产品供应链中断，中国与28个国家构建了电子商务双边合作机制，推动“丝路电商”合作，“一带一路”共建各国不断加强贸易流程与物流环节数字化，提升贸易效率、促进了跨境电商的蓬勃发展。同时，中国成熟的互联网金融和服务模式向“一带一路”共建国家拓展，投资当地互联网企业，促进“一带一路”共建国家互联网和数字经济产业发展。② 此外，持续加强与丝路共建国家在人工智能、量子计算机、大数据、云计算、智慧城市等数字经济领域的建设合作，推动“数字丝绸之路”建设创新发展。通过农业合作与科学种植，“一带一路”倡议助力脱贫减困、创造就业和能力建设，将使合作国家760万人脱离极端贫困，3200万人摆脱中度贫困。③ 通过产能合作，鲁班工坊为当地民众提供优质职业教育与技术培训，创造了海量的工作岗位。民生发展合作促进人文交流，为“一带一路”共建国家政策、资金和贸易相通提供坚实保障。

2. 在人文领域的合作成果④

在“一带一路”倡议提出10周年的特殊时间节点，在百年

① 赵磊、张晗：《以共建“一带一路”助益开放繁荣的美好未来》，《光明日报》2023年1月13日第12版。

② 韦谦：《“一带一路”背景下中国与东盟贸易高质量发展研究》，《经济研究导刊》2022年第7期。

③ 《高质量共建“一带一路”成绩斐然》，《人民日报》2022年1月25日第14版。

④ 孙壮志：《“一带一路”框架内的人文合作：成就与前景》，《欧亚经济》2023年第2期。

变局、新冠疫情、地区冲突累积叠加的大背景下，如何推动各领域合作向高质量发展，实现高标准、惠民生、可持续的目标，是值得思考的紧迫问题。人文领域合作是基础工作，培养各国民众之间的亲近感、信任感，对经济贸易合作、解决地缘政治纷争都能起到特殊的作用。由于人文合作需要来自政府或社会的资金支持，在全球面临能源危机、粮食危机及高通货膨胀等重大挑战的情况下，合作也会受到各种消极因素的影响。

习近平主席2016年9月访问乌兹别克斯坦时，在乌议会发表重要演讲，总结"一带一路"建设的早期成果，提出下一步"一带一路"建设的着力点和努力的方向。习近平主席建议：第一，构建合作网络。在自愿、平等、互利原则基础上携手构建务实进取、包容互鉴、开放创新、共谋发展的"一带一路"互利合作网络，共同致力于重振全球经济。① 第二，共创新型合作模式。中国愿秉持共商共建共享原则，以互联互通、产能合作、人文交流为支柱，积极开展双边和区域合作，努力开创"一带一路"新型合作模式。包括多双边的文化产业、跨境旅游、卫生防疫、城市与边境地区间合作。第三，打造多元合作平台。打造"一带一路"共建国家多主体、全方位、跨领域的互利合作新平台。推动各国政府、企业、社会机构、民间团体开展形式多样的合作。第四，推进"一带一路"重点领域项目。中国愿同伙伴国家一道，抓好重点领域合作。人文领域主要是深入开展教育、科技、文化、体育、旅游、卫生、考古等领域合作，建立大数据交流平台，共同打造"一带一路"智库合作网络。在上述方向下，习近平主席提出绿色、健康、智力、和平四个"一带一路"建设的具体目标，充分体现了人文合作与经济合作、安全合作相互结合的必要性。第一，着力深化环保合作，践行绿色发展理念，加大生态环境保护力度，携手打造"绿色

① 《习近平论"一带一路"》，《人民论坛》2015年第9期。

丝绸之路”；第二，着力深化医疗卫生合作，加强在传染病疫情通报、疾病防控、医疗救援、传统医药领域互利合作，携手打造“健康丝绸之路”；第三，着力深化人才培养合作，中方倡议成立“一带一路”职业技术合作联盟，培养培训各类专业人才，携手打造“智力丝绸之路”；第四，着力深化安保合作，践行共同、综合、合作、可持续的亚洲安全观，推动构建具有亚洲特色的安全治理模式，携手打造“和平丝绸之路”。①

因此，人文合作要避免单向传播的思维定式，要克服互动性不足的缺陷，更要避免成为政治、经济、安全领域交流与合作的附属品。一是人文合作要与其他领域的合作同步进行，人文合作并非可有可无，而是其他领域的重要支撑；二是人文合作可以与其他领域的合作融合发展，相互促进，形成优势互补；三是人文合作要主动为其他领域的合作提供支持和先导，为其他领域合作形成良好的舆论氛围和民意基础，为观念、制度、平台的建构扫除政治障碍。目前，“一带一路”人文交流实际上已经突破了单纯的文化界限，拓展到环保、减贫、社会治理等多个方面。

在“一带一路”建设向前推进的过程中，参与其中的行为体既有单一的国家，也有不同的国际组织，他们都希望借助这个难得的机遇发挥自己的优势，积极探索更为多样、更为务实的合作路径。随着中国多边外交的展开，中国参与和打造的区域性合作机制越来越多，合作的层次和方式也越来越丰富，特别是上海合作组织、“金砖国家”、“中国 + 中亚五国”合作机制这样一些中国在其中发挥特殊作用的多边机制，逐步成为“一带一路”框架内成员国发展战略对接合作的重要平台，人文合作也依托这些平台有声有色地开展起来。

---

① 《携手共创丝绸之路新辉煌》，载《习近平外交演讲集》第一卷，中央文献出版社 2022 年版，第 404 页。

不少区域组织对“一带一路”建设都表现出很强的参与热情，随着合作的深化，也越来越重视从中推动人文交流，以此扩展并加强成员国、参与国的民间往来，吸引媒体的关注，提升自身在国际上的影响力和号召力。相对而言，在综合性国际组织的发展过程中，教育、文化、科技交流起步较晚，但越来越受到重视。例如，上海合作组织在人文领域已经启动文化部长、教育部长、科技部长、卫生部长、旅游部门领导人等会晤机制，开展了多种多样的交流活动，落实了一批较有影响的人文合作项目，包括召开民间友好论坛，举行马拉松等体育交流活动。推动地方合作，不仅可以密切成员国民众之间的友好情谊，而且广泛邀请观察员国、对话伙伴国参与，扩大了上海合作组织的影响力，也为其他领域的合作提供了有力支持。但总体来说，多边层面的人文合作尚缺少推进措施或者具体内容，往往虚多实少。上海合作组织大学不是实体而是合作网络，联合申遗也只是中国和中亚国家的合作。在“金砖国家”、亚太经合组织、“中国＋中亚五国”合作机制、“中国—阿拉伯国家论坛”、中国与东盟“10＋1”机制等框架内，人文合作被视为多边合作的基础，相关国家经常性开展青年、媒体、智库间的交流，“金砖国家”还每年举办运动会，即便在2022年新冠疫情背景下也举办了线上运动会，有武术、国际象棋和霹雳舞三个大项，但尚未建立机制化的人文领域相关部门合作平台。

（三）“一带一路”倡议的全球价值与新时代内涵

经过十年发展，“一带一路”倡议重释了当前被西方价值偏好扭曲的地缘政治理念。通过对全球治理和共同发展的理论革新、模式创新和制度更新，重构了“一带一路”的全球价值与时代内涵。

1. 中国外交理念与机制的创新者①

“一带一路”倡议是中国外交的重要创新。十年来，“一带一路”建设积极稳步推进并不断深化拓展。在此过程中，中国进行了一系列的外交理论和实践创新，发挥了首倡、推动和引领的重要作用。具体来说，中国外交理念创新主要包括共商共建共享的合作原则、相互对接的合作思路、互联互通的合作主线、正确义利观的合作伦理、命运共同体的合作愿景；中国外交机制创新主要包括“一带一路”国际合作高峰论坛、第三方市场合作、“国际组织 +”。在本质上，包容性建构是中国外交在“一带一路”建设过程中创新的核心特征与根本价值，具体体现为“一带一路”合作设想的世界性、合作内容的亲缘性、合作对象的开放性、合作议题的延展性、合作设计的交互性、合作安排的兼容性等多重内涵，而这也反映出中国传统政治哲学中一体思想、无外思想与协和思想的现代转换。

2. “逆全球化”浪潮下全球化进程的主要推动者

全球化是共建“一带一路”的深层国际背景。十年前“一带一路”倡议提出时，各国对全球化前景满怀希望、信心和期待。但短短几年内就出现了“逆全球化”的浪潮，主要由美国主导。美国重构全球同盟体系，整合西方和“印太”盟友不断强化对华战略遏制，针对“一带一路”出台一系列排他性、替代性的对冲计划。② 美国还实施经济单边主义，发起对华贸易战并强推对华脱钩政策，在贸易领域寻找市场替代，在产业领域寻

① 刘乐：《共建“一带一路”十周年与中国特色外交创新》，《国际论坛》2023 年第 3 期。

② 主要包括美国主导的“蓝点网络”计划、“重建更美好世界”倡议、“全球基础设施和投资伙伴关系”等，欧盟主导的“全球门户计划”也与之具有相同属性。

求供应链转移，在科技领域进行技术封锁，导致经济全球化进程因地缘政治斗争而受阻，全球经济呈本土化、阵营化、碎片化趋势。在“逆全球化”已成为美国对华战略竞争结果的背景下，全球化面临的风险和危机加剧，亟须注入发展动能加快转型升级。

“一带一路”倡议成为应对“逆全球化”浪潮、推动包容性开放合作的引擎，它通过丝路基金、亚投行、国际合作高峰论坛等投资与协商平台，将西方主导的、半开放性、歧视性、排他性、对立性、赢者通吃、结盟关系、北方型、不可持续性的传统全球化，转向“一带一路”引领的、全面开放性、平等性、包容性、协同性、互利共赢、伙伴关系、南方型、可持续性的新型全球化，为全球化注入新理念和新模式，继续推动全球化进程。“一带一路”倡议不搞地缘政治斗争和各类联盟小圈子，打造全面开放的全球化合作架构，不以意识形态划界进行零和游戏，倡导南北协作、南南合作、海陆融合，为发展中国家突破贸易保护主义提供经贸平台，促进产业链、供应链重组，优化资源能源配置和地区均衡发展，成为促进世界经济结构转型、持续引领全球化进程的推动者与践行者。

3. 百年大变局背景下国际公共产品的提供者

国际公共产品主要包括对国家主权和国际法的尊重、跨国基础设施、安全、和平、公共卫生、国际规则、国际协调机制和国际组织等，① 具有消费的非排他性与非竞争性，其收益覆盖所有国家和人民。第二次世界大战后美国通过提供国际公共产品控制国际规则，从而建立并主导了“自由主义”国际秩序，最终形成国际公共产品的霸权供给模式。② 但该模式具有与生俱来的

① 黄河：《公共产品视角下的“一带一路”》，《世界经济与政治》2015 年第 6 期。

② 周波、张强、寇铁军：《国际公共产品供给：历史演进、发展趋势及中国的策略选择》，《中央财经大学学报》2022 年第 10 期。

“死穴”：一方面，该模式明显的政治经济意图使其具有不可持续性，如国际货币基金组织、世界银行等提供援助时附带严苛的政治条件；另一方面，随着美国实力的相对衰落，其提供全球公共产品的意愿和能力都有所下降，逐渐转向“美国优先”、贸易保护主义和“脱钩”政策，国际公共产品转为大国竞争的工具。

在此背景下，“一带一路”作为国际公共产品提供平台的竞争力进一步提升。不同于霸权国家主导的国际公共产品供给方式，“一带一路”天然的国际性与开放性将供给者与消费者连接起来，创造性地形成国际公共产品供消融合路径。① “一带一路”实施以来，形成了丰富的物质性和制度性国际公共产品。在物质性公共产品方面，投资近万亿美元的3000多个相关合作项目落地实施，对全球经济增长的贡献率处于1/4至1/3区间。预计到2050年，“一带一路”倡议有望为发展中经济体新增30亿中产阶级。在制度性公共产品方面，丝路基金、亚投行、金砖国家开发银行等不仅有效替代西方控制的传统国际金融体系，也开创了大变局下新兴经济体全面参与全球经济的先河。同时，“一带一路”形成的国际公共产品是由市场驱动而非制度设计的，各方通过不断深入合作逐渐形成规范，其自发、内生、多源的驱动模式优于霸权供给模式，成为超越传统国际公共产品的新型国际公共产品。

4. 以发展权为核心的全球价值理念的实践者和引领者

反全球化和新冷战思潮泛滥的直接后果是造成价值理念危机，进而导致全球民粹主义、种族仇恨主义、群体排外主义盛行，强化了外交上的单边主义和经济上的贸易保护主义，造成发达国家优先缓解国内矛盾而逃避国际责任，强调实力对抗、地缘政治博弈，弱化了全球合作发展和应对公共危机能力。然

① 杨雪：《供消融合路径：“一带一路”倡议的国际公共产品供给创新》，《社会主义研究》2022年第6期。

而，广大发展中国家仍然面临经济停滞、债务沉重、财政赤字、人口贫困、环境恶化等严重的问题，“一带一路”共建国家具有强烈的摆脱资源依附、促进工业化和城市化的发展诉求，共建人民具有强烈的提高生活水平的发展诉求。① 可以说，实现发展权成为当今世界绝大多数国家的共同期许。

在此背景下，中国开放国家发展模式、人民脱贫致富模式并推动发展权话语重回国际政治核心议题。“一带一路”倡议打通共建国家交通运输网络，联通各国道路、贸易、货币和政策，为发展中国家提供实现发展权的可靠保障。开放包容的经济政策、本地产业的升级改造、区域经济藩篱的破除为发展中国家实现发展诉求奠定了坚实基础。“一带一路”倡议倡导和平发展、自主发展、均衡发展、人本发展、全面发展和务实发展，拓展了发展权的基本要素，将其细化为政治、经济、社会、文化和生态五个方面的发展权，完善了发展权的实践路径，② 成为以发展权为核心的全球价值理念的实践者和引领者。

“一带一路”倡议是新时期党中央统揽政治、外交、经济社会发展全局作出的重大战略决策，是实施新一轮扩大开放的重要举措，也是营造有利周边环境的重要举措，对于构建开放型经济新体制，形成全方位开放格局具有重要意义。③ “一带一路”倡议源于中国与古代“丝绸之路”沿线各国友好往来、互利共荣、文明互鉴的精神与中国式现代化实践中形成的互相开

---

① 姜安印、刘博：《高质量共建“一带一路”：特征转变、内涵再构与实现路径》，《亚太经济》2022 年第 2 期。

② 汪习根、吴凡：《论中国对“发展权”的创新发展及其世界意义——以中国推动和优化与发展中国家的合作为例》，《社会主义研究》2019 年第 5 期。

③ 《“一带一路”重大战略构想具有重要意义》，国务院新闻办，2014 年 6 月 10 日，http://www.scio.gov.cn/m/xwfbh/xwbfbh/wqfbh/2014/20140610/zy31035/Document/1372820/1372820.htm。

放格局、区域协同发展的经验总结，顺应了百年变局中世界政治、经济变革的需求，是中国积极参与全球治理、维护全球发展、构建人类命运共同体的产物，是中国与共建国家共建包容、开放、普惠的新型国际关系的理念实践。自2013年提出至今，“一带一路”倡议覆盖了全球绝大多数国家和地区，为共建伙伴架设了平等、互利和可持续发展桥梁。十年来，“一带一路”倡议合作平台不断发展壮大，已成为全球最大的国家间合作组织，合作内容不断拓展优化，结合共建各国地理区位、发展程度、战略规划与全球化诉求，实现了从传统产能项目合作到新型产业领域的合作，合作形式不断推陈出新，在双边合作基础上纳入多边合作、创新经贸合作、第三方市场合作等，不断促进与共建国家的数字经济、民生发展合作。共建“一带一路”突破了旧式地缘博弈思维窠臼，分享并传播中国现代化经验，帮助发展中国家降低学习成本获得内生式发展，开创协作发展、互利共赢的国际合作新范式，超越了受益失衡的传统国际经贸模式，开辟了覆盖不同国家发展规划、产业优势、发展领域的全方位、多层次、共同发展模式。面对全球贫富分化和全球治理赤字问题，在合作平台建设中，“一带一路”倡议结合共建国家的发展诉求，鼓励发展中国家自主发展和共同发展，支持发展中国家走出了可持续发展与兼容发展的新路径，为全球治理贡献了“中国经验”“中国智慧”和“中国方案”。共建“一带一路”十年，也是全球化与“逆全球化”、共同发展与“优先发展”、人类命运共同体与新冷战思维反复博弈、艰难推进的十年。实践证明，中国倡导共建“一带一路”及其精神是“逆全球化”浪潮下全球化进程的主要推动者与实践者，是百年大变局中国际公共产品的提供者，是以发展权为核心议题的全球价值引领者。总而言之，“一带一路”倡议体现的新型国际合作范式、协同发展模式、全球治理观念、共同发展格局，凸显了全球治理体系改革的中国力量。

二 “一带一路”与世界的互动①

中国与世界的关系是当今国际关系研究的核心议题。中国的和平发展与世界转型并行不悖，推动了一个新的战略时代的展开。当前，世界面对着一个快速发展和更加自信、开放的中国，中国面对一个形势更加复杂、变化更加深刻、机遇与挑战并存的世界，中国迎来促进与世界良性互动、塑造新战略机遇期的关键时刻。②“一带一路”积极对接中国塑造战略机遇期的重大需求，是推动中国对内深化改革、对外全面开放的重要战略路径；“一带一路”建设与区域协调发展、国家发展布局优化密切相连，将有效推动西部、中部和东北部地区与沿海地区的经济联系与合作，助力构建开放型经济新格局；“一带一路”建设体现出务实的发展导向和对新型合作模式的探索，是引领新型全球化的重要力量，有助于促成发展中国家的新联合；“一带一路”建设以亚洲国家为重点，以东南亚和中亚为核心地带，致力于拓展地区合作的空间，加快地区合作的进程，推动地区

---

① 本部分作者系门洪华，同济大学同济特聘教授、中国战略研究院院长、政治与国际关系学院院长，中央网信办—教育部网络空间国际治理同济研究基地主任。本章内容见门洪华《“一带一路”与中国—世界互动关系》，《世界经济与政治》2019 年第 5 期。

② 胡鞍钢：《民主决策：中国集体领导体制》，中国人民大学出版社 2014 年版，第 184 页。

内外互联，并提升地区一体化水平。

（一）新时代中国与世界互动的新特征

中国与世界互动的模式深受关注。与古代的朝贡秩序、近现代的“冲击—回应”模式形成鲜明对比的是，当代中国与世界的关系发生了根本性、历史性的变革，尤其是40余年的改革开放逐步促成了中国与世界的良性互动，使得中国与世界处于卯榫相合的地步：中国无法置身于世界变化之外，世界也无法摆脱中国发展的影响。[1] 进入新时代，中国对世界的全方位影响更加明显，中国与世界的利益碰撞频发，中国发展面临的机遇和挑战同步增加，深入研究新时代中国与世界的互动有其必要性和迫切性。改革开放是推动中国与世界关系发生历史性变革的核心力量。以党的十一届三中全会为标志，中国进入改革开放时代，这是中国现代化的历史性转折点，也是中国发展历程的重要界碑。中国打破长期闭关自守的局面，积极参与经济全球化和地区一体化。中国崛起与世界转型相约而行，这种历史性重合给世界经济发展带来了无限活力。中国加快与国际接轨的步伐，迅速崛起为世界经济大国、贸易大国、开放大国，为世界和平发展做出重大贡献，中国理念、中国思想、中国智慧、中国方案为世界所高度关注，中国成长为一个合作性的、负责任的、建设性的、可预期的国际体系塑造者，对国际事务发挥重大乃至引领性影响。[2] 习近平主席指出，从历史维度看，人类社会正处在一个大发展大变革大调整时代。世界多极化、经济全球化、社会信息化、文化多样化深入发展，和平发展的大势

---

① 苏长和：《在新的历史起点上思考中国与世界的关系》，《世界经济与政治》2012年第8期。

② 门洪华：《新时代的中国对美方略》，《当代世界与社会主义》2019年第1期。

日益强劲，变革创新的步伐持续向前。各国之间的联系从来没有像今天这样紧密，世界人民对美好生活的向往从来没有像今天这样强烈，人类战胜困难的手段从来没有像今天这样丰富。从现实维度看，我们正处在一个挑战频发的世界。世界经济增长需要新动力，发展需要更加普惠平衡，贫富差距鸿沟有待弥合。地区热点持续动荡，恐怖主义蔓延肆虐。和平赤字、发展赤字、治理赤字是摆在全人类面前的严峻挑战。① 人类正处在一个挑战层出不穷、风险日益增多的时代。世界经济增长乏力，金融危机阴云不散，发展鸿沟日益突出，兵戎相见时有发生，冷战思维和强权政治阴魂不散，恐怖主义、难民危机、重大传染性疾病、气候变化等非传统安全威胁持续蔓延。② 我们一方面要看到各国相互联系、相互依存，全球命运与共、休戚相关，和平力量的上升远远超过战争因素的增长，和平、发展、合作、共赢的时代潮流更加强劲；另一方面也要深刻认识到世界进入转轨时期，出现了严重的"逆全球化"的潮流，各国间宏观政策协调难度加大，为加快经济复苏，各国利益诉求和政策着力点的差异日益显现。各国保护主义抬头，贸易壁垒逐渐增加。有些国家和利益群体把利益分配不均、贫富分化加剧错误地归咎于全球化，成为反全球化的主要力量。③ 正如习近平主席敏锐地指出，20 年前甚至 15 年前，经济全球化的主要推手是美国等西方国家，今天反而是我们被认为是世界上推动贸易和投资自由

① 《携手推进"一带一路"建设——习近平在"一带一路"国际合作高峰论坛开幕式上的演讲（2017 年 5 月 14 日）》，载《习近平谈治国理政》第二卷，外文出版社 2017 年版，第 508—513 页。

② 《共同构建人类命运共同体——习近平在联合国日内瓦总部的演讲（2017 年 1 月 18 日）》，载《习近平谈治国理政》第二卷，外文出版社 2017 年版，第 538 页。

③ 林毅夫：《一带一路与自贸区：中国新的对外开放倡议与举措》，《北京大学学报》（哲学社会科学版）2017 年第 1 期。

化便利化的最大旗手，积极主动同西方国家形形色色的保护主义斗争……我们今天开放发展的大环境总体上比以往任何时候都更为有利，同时面临的矛盾、风险、博弈也前所未有，稍不留神就可能掉入别人精心设置的陷阱。① 当前，人类又走到了一个发展的十字路口，面临着能否做出正确抉择的重要考验。② 在世界经历困境且进入“系统性失调”的时期，中国特色社会主义进入新时代，③ 中国发展给世界带来广泛而深刻的影响，强烈的对比刺激着许多人的战略神经。一些国家在看到中国发展给世界带来巨大“红利”的同时，对于中国在世界的影响力不断扩大又充满着矛盾心理，甚至带有敌意，④ 许多国家对中国的疑虑、猜疑甚至不满也随之增加。⑤ 也就是说，随着中国进一步发展壮大，其面临的疑虑、担心、困难和挑战也在增多。世界转型对中国复兴的挑战显而易见。中国与世界的互动进入更加敏感的时期。

随着中国新的大战略框架的逐步显现，金砖国家新开发银行、亚洲基础设施投资银行等新国际制度的构想与落实，“一带一路”倡议的提出和实施，中国是否正在试图挑战乃至改变既有国际秩序，成为新的国际秩序的塑造者，被视为国际社会观察和看待中国崛起的重要标尺。⑥ 需要密切关注的是，当前中国

---

① 《深入理解新发展理念》，载《习近平谈治国理政》第二卷，外文出版社 2017 年版，第 212—213 页。

② 曲青山：《“一带一路”倡议的中国担当》，《人民论坛》2017 年第 23 期。

③ 周文：《中国特色社会主义道路拓展了发展中国家走向现代化的途径》，《财经科学》2017 年第 12 期。

④ 杜正艾：《中国在国际格局中的战略新定位》，《当代世界》2014 年第 11 期。

⑤ 张蕴岭：《寻求崛起中国与世界的良性互动》，《国际经济评论》2013 年第 4 期。

⑥ 门洪华：《中国崛起与国际秩序变革》，《国际政治科学》2016 年第 1 期。

大而不强的底色仍在，必须清醒认识长期制约中国发展的深层次因素以及在现实中所遇到的突出矛盾和问题，积极应对、妥善处理。以东亚地区为例，经济复兴的新时代正在东亚展开，中国既是东亚经济复兴的领头羊，又有可能成为最大的获益者，东亚对中国未来发展的机遇与挑战均不可低估。从消极的方面来看，全球化可以迅速带来资本和技术，但不会迅速带来良好的经济制度和市场管理能力，反而会带来巨大的挑战；对依赖市场推动而不是制度推动的东亚一体化而言，整体性的制度框架短期之内仍难以建立起来，未来走向地区主义的制度化安排均有可能产生长期的负面影响。

设若一味依赖对外开放而没有内在体制的深刻转型，没有国内一体化作为战略依托，则中国与全球接轨只是一种泡沫式开放。所谓全球化机遇的掌握必须通过国内体制的深层改革才能获致，这正是构建开放型新经济体制的要义所在。换言之，国家、地区和世界的互动逼迫并推动着中国国家战略体系的优化。为直面国内外挑战、抓住国际机遇、实现可持续发展，中国正在构建以融入—变革—塑造（融入全球、变革自身、塑造世界）为核心的和平发展战略新框架，致力于丰富和平发展、规划崛起之后。① 今天，全球化走到了十字路口，何去何从，全世界的目光聚焦中国，中国不能当旁观者、跟随者，而是要做参与者、引领者。② “一带一路”倡议以共商共建共享为原则，顺应并助推经济全球化、世界多极化、文化多样化与各国互联互通、包容互鉴、互利共赢的时代潮流，从中国自身发展经验出发，为解决世界发展难题贡献中国智慧，成为维护和推进全

---

① 门洪华：《构建新型国际关系：中国的责任与担当》，《世界经济与政治》2016 年第 3 期。

② 《加快实施自由贸易战略　加快构建开放型经济新体制》，《人民日报》2014 年 12 月 7 日。

球化的一股清流。① 与此同时，中国发展不平衡、不协调、不可持续的问题亟待解决，如何实现“请进来”与“走出去”的结合，建立全新的开放发展模式；如何在开放中坚持问题导向，用开放倒逼改革，善用国内国际两个市场、两种资源，在全球范围内整合经济要素、配置发展资源，推动实现互利共赢和构建人类命运共同体，是摆在我们面前的重大任务。概言之，新时代的中国与世界，面对着如何确保并实现良性互动的核心议题。

（二）“一带一路”倡议与中国—全球互动关系

习近平主席指出，“一带一路”倡议“源于我对世界形势的观察和思考……‘一带一路’建设跨越不同地域、不同发展阶段、不同文明，是一个开放包容的合作平台，是各方共同打造的全球公共产品。它以亚欧大陆为重点，向所有志同道合的朋友开放，不排除、也不针对任何一方。在‘一带一路’建设国际合作框架内，各方秉持共商、共建、共享原则，携手应对世界经济面临的挑战，开创发展新机遇，谋求发展新动力，拓展发展新空间，实现优势互补、互利共赢，不断朝着人类命运共同体方向迈进”。② 从十年来的运行效果看，“一带一路”建设实质性地促进了中国与全球的互动关系。

1. “一带一路”倡议体现了中国发展理念创新

“一带一路”以人类命运共同体为理想指引，以新型国际关

---

① 林毅夫：《一带一路与自贸区：中国新的对外开放倡议与举措》，《北京大学学报》（哲学社会科学版）2017 年第 1 期。

② 习近平：《开辟合作新起点　谋求发展新动力——在“一带一路”国际合作高峰论坛圆桌峰会上的开幕辞》，《人民日报》2017 年 5 月 16 日第 3 版。

系为路径选择，以发展伙伴关系网络为抓手，以合作共赢为目标追求，推动了中国发展理念创新，而这些理念创新伴随着"一带一路"建设实践，体现了中国传统的知行合一哲学。

中国致力于构建人类命运共同体。人类命运共同体内涵丰富，系统回答了在新时代建立一个什么样的世界的重大问题。习近平总书记在党的十九大报告中指出："各国人民同心协力，构建人类命运共同体，建设持久和平、普遍安全、共同繁荣、开放包容、清洁美丽的世界。"① 人类命运共同体将中国的发展前景与世界的共同期待紧密联系在一起，为新型全球化指明了方向，也为实现全人类的共同繁荣开辟了道路。

中国倡导新型国际关系，致力于通过合作共赢打破大国崛起的困境，避免落入"修昔底德陷阱"。新型国际关系的基础是中国坚持和平发展道路选择，致力于成为新型大国，奉行具有中国特色的大国外交。其核心是合作共赢，即通过合作实现共赢，打造人类命运共同体，共同为一个更美好的世界而努力。其本质是顺应世界潮流，摒弃零和博弈思维，避免单边霸权行为，以开放包容的建设性路径促进国家目标的实现，以协调合作的建设性方式促进国际关系的优化。②

中国强调积极发展全球伙伴关系，扩大同各国的利益交汇点。迄今，中国与100多个国家和国家集团建立了不同形式的伙伴关系，在全球、地区、双边和国家层面上均取得积极成效。中国伙伴关系战略以和平共处五项原则作为战略基础，以维护国家利益和拓展国际影响作为战略方向，以政治互信、经济互赖、文化交融、社会互动和安全支撑作为战略手段，通过双边关系的改

① 习近平：《决胜全面建设小康社会 夺取新时代中国特色社会主义伟大胜利——在中国共产党第十九次全国代表大会上的报告》，人民出版社2017年版，第58—59页。

② 门洪华：《构建新型国际关系：中国的责任与担当》，《世界经济与政治》2016年第3期。

善带动全球战略的拓展。中国伙伴关系战略最直观的全球意义在于，提供对话合作的战略框架，从而成为新型国际关系的典范。

中国强调合作共赢的目标追求，呼吁以合作取代对抗、以共赢取代独占，推动各国同舟共济、携手共进。强调互利精神，倡导人类命运共同体意识，主张世界各国在追求本国利益时兼顾他国合理关切，在谋求本国发展中促进各国共同发展，呼吁建立更加平等均衡的新型全球发展伙伴关系，这些战略思想都体现出合作共赢的战略思想指向。

2. “一带一路”倡议推动了全球治理转型发展

“一带一路”源于中国领导人对全球化进程和“逆全球化”思潮的深入思考，具有对症下药的特征。从全球治理角度看，“一带一路”吸取以往全球危机的治理经验，以和平方式突破全球经济发展的瓶颈，引领全球治理朝着更加公平合理的方向发展。① “一带一路”建设秉持以和平合作、开放包容、互学互鉴、互利共赢为核心的丝路精神，坚持共商共建共享原则，顺应了全球治理体系变革的内在要求，彰显了同舟共济、权责共担的命运共同体意识，是全球治理的“合作版”、全球化的“共赢版”、国际公共产品的“中国版”，为完善全球经济治理体系提供了新思路新方案。② “一带一路”所秉持的多元治理主体、协商治理路径以及构建人类命运共同体的治理目标，深刻体现了新型全球治理思想，既是中国对于和平发展、开放合作的道路选择，也是致力于促进世界共同发展、繁荣和安全的责任和承诺。③ “一带

---

① 刘再起、王蔓莉：《“一带一路”战略与中国参与全球治理研究——以话语权和话语体系为视角》，《学习与实践》2016 年第 4 期。

② 钟山：《深化经贸务实合作推动共建“一带一路”高质量发展》，《求是》2018 年第 19 期。

③ 秦亚青、魏玲：《新型全球治理观与“一带一路”合作实践》，《外交评论》2018 年第 2 期。

一路"建设体现了中国塑造新型国际关系的制度化努力，并成为以地区为基础、以全球为视野的重要战略部署。

3. "一带一路"倡议促成了发展中世界的新联合

"一带一路"建设将中国对外开放的合作对象从以发达国家为主拓展到同时注重广大发展中国家，致力于推动中国向发展中世界全面开放和推动南方国家相互开放，并以发展战略对接为主要抓手。这是中国国际战略优化的重要里程碑，是深入贯彻习近平"共同发展是持续发展的重要基础"战略构想的重要体现。① "一带一路"建设的主要合作对象是亚非不发达经济体，贯穿欧亚大陆。东亚和欧洲之间的广大腹地国家资源丰富、经济发展相对滞后，是中国拓展对外开放的重点、开拓国际市场的主要目的地、资源能源的重要来源地。"一带一路"将中国优质产能、技术和价格优势与广大亚、欧、非国家的市场、劳动力、发展转型需求等结合起来，通过各层面战略对接来构建利益共享的全球价值链，实现市场经济规律下生产要素在亚、欧、非国家间新的流动和分配，有助于形成以中国为核心的新型全球价值链。"一带一路"建设主要以双边或多边合作协议及亚洲基础设施投资银行等形式体现。② 有鉴于此，战略对接成为"一带一路"的核心手段与路径。战略对接的前提是各国自己制定的发展战略，范畴是发展战略协调，途径是政策沟通、设施联通、贸易畅通、资金融通、民心相通，这体现了共商共建共享的原则，具有深远的战略创新价值。"一带一路"建设没有走"制度先行、承诺先行"的老路，而是通过平等协商、项目合作的

---

① 《共同创造亚洲和世界的美好未来——习近平在博鳌亚洲论坛2013年年会上的主旨演讲（2013年3月27日）》，载《习近平谈治国理政》，外文出版社2014年版，第330—331页。

② 王亚军：《"一带一路"倡议的理论创新与典范价值》，《世界经济与政治》2017年第3期。

方式来推进，避免了参与方在开放承诺上的压力，[①] 从而为实质性促成新的发展统一战线奠定了坚实的基础。“一带一路”建设高水平带动中国与发展中世界的良性互动，带动欧亚非大陆一体化发展，正在重塑世界经济地理，[②] 并为全球发展做出积极的贡献。

（三）“一带一路”倡议与中国——地区互动关系

纵观世界历史发展进程，没有一个真正的世界大国不是先从自己所在的地区事务中逐渐占主导地位而发展起来的。[③] 一般而言，不谋全局者不足谋一域。然而，在经济全球化和地区一体化的潮流之下，不谋一域者不能谋全局。当前，地区合作全面展开，经济与贸易、安全与政治都在地区化的架构内重新组织，各国都在为促进本地区合作进行政策和战略调整，迎来地区一体化的新时代。各国深刻认识到，在经济全球化和地区一体化并行不悖的时代，各国的繁荣只有在其所属地区的整体共同繁荣之中才能得到保障。[④] 一般意义上，由于历史承继的影响，中国习惯用周边来描述地区关系，而“一带一路”共建国家可视为地区和周边的扩大。一方面，“一带一路”所经过的国家，基本涵盖中国周边。“一带一路”共建国家横跨亚欧非三大

① 秦亚青、魏玲：《新型全球治理观与“一带一路”合作实践》，《外交评论》2018 年第 2 期。

② 陈曙光：《“一带一路”：中国与世界》，《教学与研究》2017 年第 11 期。

③ 门洪华：《地区秩序建构的逻辑》，《世界经济与政治》2014 年第 7 期。

④ 李寿成：《希望形成东亚多边安全合作体制》，《日本学刊》2004 年第 6 期。

洲，从东北亚、东南亚延伸到中亚、南亚和西亚，直至中东欧和北非地区，幅员辽阔，资源丰富，发展空间巨大。另一方面，这些国家大多具有重要的地缘战略价值，如东南亚、南亚、中亚、西亚乃至中东欧都是大国角力的焦点区域。① 当前，中国既面临着与这些国家和地区加强经贸合作和政治关系的重大契机，也面临着严峻的地缘政治压力，面临着来自东西两个方向的双向挤压。突破地缘战略封锁，拓展发展合作空间已成为中国实现持续发展的当务之急。中国通过"一带一路"建设，实施向西、向南的战略拓展，以对冲来自东向的挤压，缓解美国等国家在自由贸易谈判领域孤立中国的战略压力并破解其战略图谋。在此过程中，还需海陆并举拓展发展空间，建设陆路国际通道和稳固的海上补给线，获取更多的海外战略支点，以突破美国的战略软遏制，为改善中国的整体战略环境奠定坚实基础。②

当然，我们更深刻地认识到东亚对中国的战略依托价值，这是中国由地区大国走向全球大国、进而履行全球责任的战略跳板。③ 尽管"一带一路"是以构建陆海经济合作走廊为形式、以运输通道为纽带、以互联互通为基础、以多元化合作机制为特征、以打造命运共同体为目标的地区合作安排，但它更是以亚洲国家为重点，以东南亚和中亚为核心地带。正如习近平主席指出的，"一带一路"源于亚洲、依托亚洲。④ 一方面，鉴于

---

① 周强：《中国"一带一路"地缘政治研究进展与展望》，《世界地理研究》2018 年第 3 期。

② 卢伟、李大伟：《"一带一路"背景下大国崛起的差异化发展策略》，《中国软科学》2016 年第 10 期。

③ 代帆、周幸峨：《东亚地区秩序的未来是东亚还是亚太》，《南洋问题研究》2006 年第 1 期。

④ 《"一带一路"和互联互通相融相近、相辅相成——习近平在"加强互联互通伙伴关系"东道主伙伴对话会上的讲话（2014 年 11 月 8 日）》，载《习近平谈治国理政》第二卷，外文出版社 2017 年版，第 497 页。

东南亚和中亚在中国向西、向南拓展的主干线上，其地位之重要不言而喻。另一方面，鉴于“一带一路”范围广，需要少数地理枢轴执行空间上的承启、链接和辐射功能。鉴于“一带一路”共建国家和地区的多样性，中国积极推动包容性合作，强调通过优势互补寻求共同发展。① 与之相辅相成的是，“一带一路”建设的创新价值在于提出地区各国协同发展的倡议，通过形成发展共识，共同创造发展的软硬条件，以实现共同发展。协同既不是对各国有约束力的承诺，也不是难以把握的外部条件，而是实实在在的、共同合作确定的各种措施与项目。② “一带一路”建设拓展了地区合作的空间，加快了地区合作的进程，推动着地区内外互联，提升了地区一体化水平。具有标志性意义的是，中国迄今与28个共建国家和地区签署了21份自由贸易协定，与欧亚经济联盟签署经贸合作协定，完成中俄欧亚经济伙伴关系协定联合可行性研究，大力推进《区域全面经济伙伴关系协定》（RCEP）谈判并正式签署，一个立足周边、覆盖“一带一路”、面向全球的高标准自由贸易网络正在加快形成。③ 随着“一带一路”倡议不断深入推进，在互联互通、共同发展基础上，共建国家的政策协调朝着制度化的方向发展，中国引领者的角色得到共建各国的尊重与支持，一种新型的国际规则制定模式渐趋成形。

---

① 段晓华：《“一带一路”背景下中国参与全球经济治理的路径选择》，《改革与战略》2017年第12期。

② 张幼文：《“一带一路”建设：国际发展协同与全球治理创新》，《毛泽东邓小平理论研究》2017年第5期。

③ 钟山：《深化经贸务实合作推动共建“一带一路”高质量发展》，《求是》2018年第19期；《“一带一路”从愿景到现实》，《人民日报》2023年10月11日第2版。

（四）中国塑造新战略机遇期的四个着力点①

2016年习近平主席在乌兹别克斯坦议会的演讲中，明确提出了“四个着力”的合作思路，即携手打造“绿色丝绸之路”“健康丝绸之路”“智力丝绸之路”“和平丝绸之路”，作为对经济、贸易合作的重要补充和支撑。这一思路充分体现了特殊的理念创新和人文内涵，赋予了“一带一路”建设更为深远的实践价值和应用意义，指明了今后努力的方向，即在寻求重点突破的同时，要加强与共建国家的沟通，寻找利益的切合点，凝聚更多共识，不断拓展新的合作领域，把基础工作做得更扎实，让各国人民得到实惠。

“一带一路”建设是一个长期的工程，需要循序渐进，不同时期确定不同的任务。“四个着力”是针对现阶段提出的具有引领性的合作目标。有助于各参与国发挥自身优势，解决最紧迫的发展和安全问题，为下一步的整体推进充实新的合作内容，寻找新的建设路径，注入新的发展动力。“一带一路”建设需要不断扩大合作领域，打造新的支撑平台。环保、卫生、人才与安全合作，看似不是“五通”的核心内涵，实际上作用巨大。一方面印证了“一带一路”不仅仅关注产业的对接和贸易的增长，同样关注民生与稳定；另一方面说明“一带一路”紧扣地区发展的主题和需求，既寻找多边合作的主攻点和突破口，也重视环境和基础建设，面向长远的未来，更好地解决可持续发展的问题。

综上所述，“一带一路”建设是中国维护、塑造与拓展新战

① 本部分作者系孙壮志，中国社会科学院俄罗斯东欧中亚研究所所长，研究员。本部分见孙壮志《“一带一路”合作空间拓展的着力点探究》，《丝路时评》2019年第2期。

略机遇期的重要抓手。习近平主席指出，“在各国彼此依存、全球性挑战此起彼伏的今天，仅凭单个国家的力量难以独善其身，也无法解决世界面临的问题。只有对接各国彼此政策，在全球更大范围内整合经济要素和发展资源，才能形成合力，促进世界和平安宁和共同发展”。① 上述观点表明，“一带一路”建设是中国在面临国际变局之际提出的重大建设性战略倡议，是统筹国内国际两个大局的重要抓手。“一带一路”倡议是中国迈向新时代的核心战略设计，攸关中国改革开放的成败，身系世界和平与发展的前景。“一带一路”倡议是中国走进新时代的对外开放战略设计。“一带一路”倡议的提出和落实，是实施更加主动的对外开放战略的客观需要。作为中国全方位主动对外开放战略的新型国际经济合作平台，推动形成以中国为中心、周边为腹地的开放型全球经济体系，体现了开放包容、灵活务实的东方智慧。②“一带一路”倡议是中国迈向新型大国的理想追求与现实路径。“一带一路”倡议强调中国开放、地区合作、全球发展的有机结合。

“一带一路”倡议是中国国际合作模式的探索。“一带一路”倡议体现了以共同发展为核心、以开放包容为特色、以宏观政策协调和市场驱动为两轮的战略思路，是一种新型的国际合作模式追求。中国深刻认识到自身快速发展的全球震动，反复阐明走和平发展道路的坚定意愿，提出欢迎其他国家搭乘中国发展列车的倡议，致力于同世界各国发展友好合作关系，强调合作者的地位平等，并致力于分享发展红利，适当让渡非战略性利益，积极承担大国责任，以实际行动诠释共商共建共享

---

① 习近平：《开辟合作新起点　谋求发展新动力——在“一带一路”国际合作高峰论坛圆桌峰会上的开幕辞》，《人民日报》2017 年 5 月 16 日。

② 余晓葵：《“一带一路”：以东方智慧求解发展难题》，《光明日报》2015 年 2 月 28 日；金玲：《“一带一路”：中国的马歇尔计划?》，《国际问题研究》2015 年第 5 期；夏先良：《“一带一路”战略与新的世界经济体系》，《学术前沿》2016 年第 9 期。

的合作发展新理念。[①]“一带一路”首先要造就的是更加完善的市场经济体系和更具塑造性的对外环境，致力于塑造一种全新的国际和平、发展、共赢的新秩序、新格局。[②]“一带一路”建设标志着中国从经济全球化的参与者转变为推动者，以中国实力和能力为推进经济全球化提供支持和活力，[③]并在提供更多公共产品、提供搭便车机会方面体现出积极的意愿。[④]正如习近平主席指出的，“一带一路”建设要以中国发展为契机，让更多国家搭上中国发展快车，帮助它们实现发展目标。我们要在发展自身利益的同时，更多考虑和照顾其他国家利益。要坚持正确义利观，以义为先、义利并举，不急功近利，不搞短期行为。要统筹中国同共建国家的共同利益和具有差异性的利益关切，寻找更多利益交汇点，调动共建国家积极性。[⑤]

“一带一路”的构想与实施表明，塑造中国新战略机遇期的路径是立足国内、面向全球、聚焦共建国家，体现出统筹国家、地区和全球的战略视野，构成新时代中国国家战略体系的主脉。中国国家战略体系以国家战略与国际战略相互协调为基点，包括国家战略、全球战略和地区战略等相辅相成的三个层面。其中国家战略是国家战略体系的基础，以基本国情为依据，以完善国内战略布局为核心目标；全球战略反映国家战略体系的宏

---

① 门洪华：《应对全球治理危机与变革的中国方略》，《中国社会科学》2017 年第 10 期。

② 林毅夫：《一带一路与自贸区：中国新的对外开放倡议与举措》，《北京大学学报》（哲学社会科学版）2017 年第 1 期。

③ 谢鲁江：《中国成为经济全球化新的推动者——从“一带一路”建设看中国开放新格局》，《桂海论丛》2016 年第 1 期。

④ 刘阿明：《中国地区合作新理念——区域全面经济伙伴关系与“一带一路”倡议的视角》，《社会科学》2018 年第 9 期。

⑤ 《推进“一带一路”建设，努力拓展改革发展新空间——习近平在主持中共中央政治局第三十一次集体学习时的讲话（2016 年 4 月 29 日）》，载《习近平谈治国理政》第二卷，外文出版社 2017 年版，第 500 页。

观视野，以参与、分享为基本诉求，同时积极承担国际责任和义务；地区战略是国家战略体系的地缘依托，将地区制度建设作为地区合作的主脉络，将地区秩序建设作为地区合作的愿景。[①] 可以说，“一带一路”建设以塑造中国战略机遇期为核心指向，以国家基础、全球视野、地区重心为基本布局。

① 门洪华：《中国国家战略体系的建构》，《教学与研究》2008 年第 5 期。

第二部分

倡议与探索

一 “一带一路”倡议与人类命运共同体

中国提出以共商共建共享为原则的高质量共建“一带一路”倡议，以及基于普遍安全、共同发展、绿色美丽、合作共享的人类命运共同体建设倡议，凸显中国的大国责任感和历史使命感，是中国提供的国际公共产品与合作平台。但“一带一路”倡议如何持续有力、高效地推动人类命运共同体建构，其本质关系、逻辑进路和有效途径等在学术及实践层面尚不够清晰明确。人类命运共同体与“一带一路”有着内在逻辑关系，两者之间互相支持、互相促进，高质量共建“一带一路”能够通过建构牢固有效的互联互通伙伴关系更好地驱动人类命运共同体的建设进程。

（一）“人类命运共同体”理念与“一带一路”倡议的内在逻辑关系

1. 人类命运共同体引领“一带一路”发展①

共建“一带一路”是习近平主席顺应世界发展大势和时代

---

① 本部分作者系王义桅，中国人民大学国际关系学院教授、重阳金融研究院高级研究员。本部分内容见王义桅《人类命运共同体理念引领“一带一路”建设》，《人民政协报》2023 年 5 月 16 日第 3 版。

进步要求，着眼推动构建人类命运共同体提出的重大倡议。在2017年底举行的中国政党与世界政党高层对话会上，习近平主席指出："我提出'一带一路'倡议，就是要实践人类命运共同体理念。"① 人类命运共同体是引领时代潮流和人类前进方向的鲜明旗帜，将"一带一路"的目标定位为构建人类命运共同体，充分彰显了中国共产党人"为人类谋进步、为世界谋大同"的初心。

首先，人类命运共同体指明"一带一路"互联互通的时代意义。2013年3月，习近平主席在莫斯科国际关系学院演讲指出："人类生活在同一个地球村里，生活在历史和现实交汇的同一个时空里，越来越成为你中有我、我中有你的命运共同体。"② 党的二十大报告提出以中国式现代化实现中华民族伟大复兴，构建人类命运共同体，创造人类文明新形态，其中的逻辑是立己达人，在中国式现代化基础上通过发起"一带一路"国际合作，推动人类共同现代化事业。很长一段时间内，"现代化＝西方化＝去传统化（世俗化）"，被奉为圭臬。"一带一路"鼓励各国走符合自身国情发展道路，并致力于政策沟通、设施联通、贸易畅通、资金融通、民心相通等"五通"，打造互联互通伙伴网络，构建人类命运共同体，使人们真正生活在同一个地球村里，你中有我、我中有你，命运与共。

其次，人类命运共同体赋予中国与"一带一路"共建国家梦梦与共的伟大使命。习近平主席指出："人类命运共同体，顾名思义，就是每个民族、每个国家的前途命运都紧紧联系在一起，应该风雨同舟，荣辱与共，努力把我们生于斯、长于斯的这个星球建成一个和睦的大家庭，把世界各国人民对美好生活

① 习近平：《携手建设更加美好的世界——在中国共产党与世界政党高层对话会上的主旨讲话》，人民出版社2017年版，第4页。

② 中共中央宣传部编：《习近平总书记系列重要讲话读本》，学习出版社、人民出版社2014年版，第147页。

的向往变成现实。"①"一带一路"建设强调共商共建共享原则，倡导战略对接，如越南的"两廊一圈"构想、柬埔寨的"四角"战略、印度尼西亚的"全球海洋支点"构想、哈萨克斯坦的"光明大道"发展战略、俄罗斯的跨欧亚大通道建设等，改变了"一带一路"国家被全球化的局面，正在打造主场现代化、主场全球化，实现梦梦与共。习近平主席在第一届"一带一路"国际合作高峰论坛开幕式上的演讲中指出，推进"一带一路"建设，要聚焦发展这个根本性问题，释放各国发展潜力，实现经济大融合、发展大联动、成果大共享。② 正所谓"利当计天下利"，"一带一路"建设推动相互尊重、合作共赢的新型国际关系，对冲当下脱钩、断供、新冷战，具有鲜明的时代意义。

再次，人类命运共同体激发"一带一路"完善全球治理的迫切追求。2017 年 1 月 18 日，习近平主席在联合国日内瓦总部演讲中指出："世界命运应该由各国共同掌握，国际规则应该由各国共同书写，全球事务应该由各国共同治理，发展成果应该由各国共同分享。"长期以来，国际规则是强国制订的，弱小国家只能被动接受。"一带一路"改变了这种强者逻辑。《习近平外交思想学习纲要》指出，共建"一带一路"搭建了广泛参与的国际合作平台，为全球治理体系改革提供了中国方案，成为推动构建人类命运共同体的生动实践，受到国际社会普遍欢迎，在世界发展史上具有重要里程碑意义。③

在共建"一带一路"基础上，越来越多的国家与中国签署了命运共同体合作文件，可谓志同道合：在双边层面，中国同

---

① 习近平：《携手建设更加美好的世界——在中国共产党与世界政党高层对话会上的主旨讲话》，人民出版社 2017 年版，第 4 页。

② 习近平：《携手推进"一带一路"建设——在"一带一路"国际合作高峰论坛开幕式上的演讲》，人民出版社 2017 年版，第 8 页。

③ 中共中央宣传部、中华人民共和国外交部编：《习近平外交思想学习纲要》，人民出版社、学习出版社 2021 年版，第 89 页。

巴基斯坦、老挝、柬埔寨、泰国等国共同推动构建不同形式的命运共同体。在地区层面，周边、亚洲、亚太、中国—东盟、澜湄国家、中非、中阿、中拉、中国—中亚、上合组织等命运共同体稳步推进。在全球层面，网络空间、核安全、海洋等命运共同体应运而生，人类命运共同体理念多次写入联合国、金砖国家等国际组织决议或宣言，凝聚共识、推动合作行稳致远。这些国家、地区和领域，也是"一带一路"合作最深入、成果最丰硕的；签署命运共同体文件也是"一带一路"建设机制化的结果。由此，也极大增加了有关国家、国际组织在全球治理和国际规则中的话语权。

总之，人类命运共同体致力于构建持久和平、普遍安全、共同繁荣、开放包容、美丽清洁的世界，引领"一带一路"建设的世界观、方法论：在人类命运共同体的引领下，"一带一路"国际合作早已超越了推动中国全方位开放的目标，超越了推动全球化走向开放、包容、普惠、平衡、共赢的最初定位，致力于实现共商共建共享的新型全球治理，打造全球互联互通伙伴网络，正在开创人类文明新形态，呼唤我们构建"一带一路"自主现代化知识体系，打造人类命运共同体。

2. "一带一路"建设有利于推进构建人类命运共同体①

"一带一路"内容丰富，可以从方方面面与人类命运共同体对接，"一带一路"建设有利于推进构建人类命运共同体的建设。

第一，"一带一路"建设提供了国际合作的新模式，这种新

① 本部分作者系胡必亮，北京师范大学"一带一路"研究院院长、新兴市场研究院院长。本部分内容见胡必亮《"一带一路"如何推动构建人类命运共同体》，人民论坛网，2022年11月7日，http://m.rmlt.com.cn/article/355700。

模式与传统模式不一样，传统国际合作模式都基于地缘政治，而"一带一路"是开放包容的，构建了全球范围内实现新的国际合作的一种模式，这种合作模式正好是构建人类命运共同体所需要的。所以，"一带一路"不仅为构建人类命运共同体提供了很好的前提条件和基础，更是提供了一种新的国际合作模式。

第二，"一带一路"的基础还是经济建设，推动经济全球化是"一带一路"的核心内容。在"一带一路"建设过程中，根据不同国家的资源来整合优势，实现共同发展、互利共赢，使大家都能够融入一个更加一体化的经济体系之中，构建开放包容的全球经济体系。推进了"一带一路"建设，实际上就推进了全球经济一体化。

第三，"一带一路"建设的重点是全球基础设施的共享互通。基础设施建设是一个国家经济起飞阶段很重要的前提条件，如果没有好的基础设施建设，经济就很难发展。"一带一路"为全球经济一体化、全球范围内构建更好的经济互联互通、经济之外其他方面的互联互通提供了很好的基础。

第四，"一带一路"强调民心相通。通过"一带一路"建设促进不同文明的对话与交流，真正做到你中有我，我中有你，不仅从经济层面，而且从文化、社会、政治各方面都实现了一个完整的融合。

第五，"一带一路"建设团结很多发展中国家共同参与全球治理。从国际角度来说，全球治理体系基本是由少数几个国家起主导作用，其他国家参与较少。从金融制度开始，亚洲基础设施投资银行的建立，就是改善了全球金融治理的格局，它可以提供更多的资金来构建更好的全球基础设施，使全球基础设施互联互通的条件变得更好，有利于构建人类命运共同体。

3. 人类命运共同体与"一带一路"核心内涵一脉相承①

人类命运共同体是习近平外交思想的核心理念，推动构建人类命运共同体是新时代中国外交追求的总目标，旨在构建"一个人类可以共享未来的社群"（a community of shared future for mankind）。

人类命运共同体包括以下五个方面的内涵：（1）政治上的伙伴关系，其特点是平等相待、互商互谅，不把本国的价值观强加给别国。（2）安全上的普遍共享，其特征是公道正义、共建共享，不能追求片面的绝对安全而把别国置于不安全的境地。（3）经济上的共同发展，其特征是构建公平、开放的全球经济体系，包容互惠的国家间经济关系，不搞经济民族主义或重商主义，推进经济全球化进程。（4）文化与社会上的交流互鉴，其特征是各种文明之间一方面保留与强化自己的核心特征，另一方面互相交流、互相借鉴，反对把自身文明当作世界各种文明样板的立场、心态与做法。（5）人与自然的关系上的和谐共存，其特征是构建尊崇自然、绿色发展的生态体系，为此，要尊重各国人民追求美好生活的愿望，充分考虑不同国家对环境的历史影响以及应对环境问题的现实能力，在环境治理上坚持共同但有区别的责任原则。

命运共同体建设包括四个层次：一是全球层次，即人类命运共同体；二是区域层次的中国与各个地区命运共同体，如中非命运共同体、中国—东盟命运共同体、中国—阿拉伯命运共同体，虽然也是广义的双边，但实际上属于小多边；三是两国之间的双边命运共同体，如中国—巴基斯坦命运共同体、中

---

① 本部分作者系薛力，中国社会科学院世界经济与政治研究所研究员。本部分内容见薛力《中国传统文化、人类命运共同体与高质量建设"一带一路"》，《中国发展观察》2021年第23期。

国—老挝命运共同体、中国—柬埔寨命运共同体；四是某个功能领域的共同体，如海洋命运共同体、安全命运共同体、健康命运共同体、网络空间命运共同体。

"一带一路"倡议强调国家间的合作而非冲突，因此中国把合作共赢当作新型大国关系的核心，倡导共商共建共享的全球治理理念。而共商共建共享正是"一带一路"建设中所奉行的原则。也就是说，"一带一路"建设体现的是中国政府依据时代的需要，对传统的天下治理理念进行现代性改造并将之可操作化，特别是在经济、文化与生态领域。西方发达国家从观念上不理解、心理上不接受"一带一路"，经济上有担忧，因而普遍没有与中国签署"一带一路"合作文件，只愿意用"全球治理""双边合作"等名义，就具体项目展开合作，同时还推出替代版的"一带一路"，以与中国竞争。这是不争的事实，也是几百年来西方文化霸权的体现与余响，中国理解并尊重西方的选择。"一带一路"是世纪工程，随着时间的推移与西方对中国文化理解的加深，西方发达国家与中国就第三方基础设施建设等领域展开更多的合作，或成大趋势。亚投行成立以来的经验昭示了这一点。中国与新加坡、韩国、日本等国家已经就此展开合作，这些东方发达国家更理解中国文化的内涵。

从地域上看，"一带一路"侧重于发展中国家，特别是周边发展中国家，同时兼顾南太平洋、拉美、中东欧国家。对发达国家则持选择性态度：愿意与中国签署"一带一路"合作文件的，中国固然欢迎；西方国家多不愿意签署相关文件，只愿意就具体项目进行合作，中国也理解并予以尊重。

概而言之，"人类命运共同体""伙伴关系"与"一带一路"都实现了与中国传统文化的有效对接，是中国人传统天下治理理念在当代的升级与实践。人类命运共同体是新时代中国外交的终极目标与宏观设计，伙伴关系构建与"一带一路"倡议是构建人类命运共同体的中观目标与外交设计，全球伙伴外交关系网络的构建与“一带一路”建设则是实现上述宏观目标的微观措施。

“一带一路”倡议是伙伴外交在新时代的体现，与伙伴外交“偏重政治与安全关系、兼顾生态领域”不同，“一带一路”倡议在继续推进伙伴外交的同时，“侧重经济（特别是基础设施领域）与文化领域，同时兼顾生态领域”。在实际操作过程中，“人类命运共同体”构建在双边、小多边与一些功能领域层次进行，这意味着中国致力于提升与特定国家和地区的伙伴关系水平，以及特定领域伙伴关系的构建。而“一带一路”倡议下的“五通”建设，也是“双边为主，多边为辅”，旨在为伙伴关系的加固与升级创造物质条件、制度连接与民意基础，从而为构建不同层次的命运共同体奠定坚实的物质基础。“一带一路”倡议也在适时调整实施的方式与重点，下一阶段，中国将在“高标准、可持续、惠民生”的原则下，强化健康、绿色、数字、创新、疫情应对等领域的国际合作。

（二）互联互通构筑“一带一路”国际合作的桥梁①

人类社会的正常发展离不开相互间的联系、沟通与合作。从广义上讲，各主体、各领域和各环节间的互联互通影响并决定着交流合作，并成为推动全球化、国际合作深化的重要引擎。

---

① 本部分作者系郑雪平，西南石油大学经济管理学院副教授，经济学博士；林跃勤，中国社会科学院大学政府管理学院教授，中国社会科学院中国社会科学杂志社传播中心主任、研究员，经济学博士。本部分内容见郑雪平、林跃勤《“一带一路”倡议促进人类命运共同体建构研究》，《亚太经济》2022 年第 1 期。

1. 互联互通的内涵实质

互联互通本意是指运营商网络与不在该网络中的设备或设施之间的物理链接，既包括设备间互联（某个运营商的设施和其所属客户的设备间的连接），也包括网间互联（两个或更多运营商间的连接）。如美国法律将互联互通定义为"两个或多个网络的链接，用于通信流量的双边交换"。联通被视为器物间、网络间的对接，包括交通轨道等的对接，通常被引申为人与人、机构组织以及国家等多种主体间的沟通、联系、对接、协商以及合作，与封闭、隔离相对应。各主体在互联互通过程中产生的关系就是互联互通伙伴关系，是各主体在相互沟通、协商过程中结成的合作关系。从人类合作视角看，互联互通就是资源、要素、信息、网络、人员、制度、政策等在国家和区域间以及全球的畅行交换，是经济全球化的必然要求。全球化的本质是减少交流障碍和桎梏，实现人类各方面的高度联通，更好地实现共享和谐发展。这与增进各国交往和均衡地享受全球化红利的全球一体化目标高度契合，全球化时代真正的互联互通就是指人与人之间理解的加深以及彼此间联系纽带的加强。不同组织、国家、区域、主体和网络间开展多元化沟通、协商、对接等，实现目标、制度、政策和行动等的良好互联互通，可以促进全球化秩序重构，推动开放式、包容式的发展。互联互通是消除隔阂、割裂、矛盾与冲突的纽带、润滑剂①。如跨境铁路、公路、航线等的开通可以使陆锁国变为陆联国，孤岛变为串珠，极大地便利国家之间的交往与合作。全球互联互通伙伴关系的构建能提供生产要素和财富在全球流动与融通的新渠道和新机遇，有利于减少全球发展洼地，促进实现公平均衡

① 陈文玲：《"一带一路"将为人类带来更加美好的明天》，《全球化》2019 年第 12 期。

的世界大同。互联互通已经成为不可阻挡的世界潮流①。各国、区域间加强基础设施、政策、经贸、文化等方面的联系和交流，形成畅通的联系纽带和紧密活跃的合作关系，实现各自资源更好配置、财富积累效率和生活质量的提升、人类物质与精神文明的繁荣进步，是全球化的本质要求，也是全球化前进的途径。

2. 互联互通具有深化国际合作的桥梁和平台作用

人类社会由于空间距离、自然条件、民族文化、历史轨迹与现实发展的差异，价值与战略取向的不同以及规模实力等不同，国家、民族、区域之间缺乏沟通、认知、协商与合作。尤其是一些国家采取孤立主义、人为封锁或者谋求地缘政治优势等，更是加剧了相互间的联通障碍，造成包括交通、通信等基础设施硬联通和制度、机制、政策文化等软联通的断裂、鸿沟，造成巨大的相互损耗。实现联通与合作的博弈激烈，导致冲突和矛盾陷入普遍化、尖锐化和持久化的僵局。日益增长的全球不信任、民族主义情绪和旷日持久的贸易战，缺乏有效合作的应对共识、倡议和行动，加剧了全球治理结构的脆弱性，削弱了全球经济增长在消除贫困、创造体面工作和实现可持续发展目标方面的能力。此外，还面临一些域外国家的挑拨、诱惑、拉拢和竞争，这些均严重影响相互间的要素流动、市场联通、网络共生、人民交往等。联通越顺畅紧密，互联互通水平也就越高，即各主体、各方面联系和交流的状态就越好，其对人类进步的促进作用也越强大。实证分析显示，投资母国与东道国间互联互通水平越高，企业跨国并购的成功率也越高。贸易基础设施好、贸易政策友好、通关便捷和成本低廉、关税较低或免税、汇率稳

① 苏长和：《互联互通世界的治理和秩序》，《世界经济与政治》2017 年第 2 期。

定等对国家间贸易繁荣至关重要。

互联互通逐渐成为国际共识和国际合作的重要载体。东盟于2010年通过了《东盟互联互通总体规划》，设定了基础设施建设、机制构建和人文交流三大重要领域的具体目标。2013年亚太经合组织（APEC）巴厘岛会议发表的《活力亚太，全球引擎——亚太经合组织第二十一次领导人非正式会议宣言》，强调要深化互联互通的硬件、软件和人员交往的三大支柱。2014年在北京举办的APEC会议将"加强全方位基础设施和互联互通建设"列为三大核心议题之一。2016年G20领导人峰会采纳了中国提出的建立"全球基础设施互联互通联盟"倡议。2018年9月欧盟委员会与欧盟对外行动署联合发布关于欧亚互联互通战略的文件——《连接欧洲和亚洲——对欧盟战略的设想》。在数字时代，数字联通意义更为凸显。2017年APEC越南岘港会议通过《APEC互联网和数字经济路线图》与《APEC跨境电子商务便利化框架》，成为APEC各方希望加强数字经济联通、促进创新和包容增长的重要合作成果。2020年为应对新冠疫情而在全球广泛应用的数字技术，降低了疫情的物理隔离对互联互通的负面影响，促进了全球数字互联互通迈向更高的水平。

3. 促进互联互通是共建"一带一路"的基本抓手和核心内容

中国以大国责任意识和历史使命感倡导全球互联互通伙伴关系的建构并付出切实行动。2012年11月，党的十八大报告首次将互联互通纳入政策理念，2013年9月和10月，习近平主席在哈萨克斯坦和印度尼西亚分别提出共建丝绸之路经济带和21世纪海上丝绸之路的倡议，提出加强政策沟通、设施联通、贸易畅通、资金融通和民心相通，以及中国致力于加强同东盟国家的互联互通建设。[①] 2014 年 11 月 8 日在北京召开的“加强互联互通伙伴关系”东道主伙伴对话会上，习近平主席提出：要建设亚洲互联互通伙伴关系，先行先试，实现在亚洲区域范围内交通基础设施的硬件联通，规章制度、标准、政策的软件联通，以及增进民间友好互信和文化交流的人文联通“三位一体”的互联互通伙伴关系。[②] 共同建设丝绸之路经济带和 21 世纪海上丝绸之路与互联互通相融相近、相辅相成。如果将“一带一路”比喻为亚洲腾飞的两只翅膀，那么互联互通就是两只翅膀的血脉经络。这意味着互联互通是“一带一路”倡议实践运转的经脉血液。

在 2015 年中国多部委发布的关于“一带一路”倡议的《愿景与行动》中明确提出，通过道路联通、贸易畅通、产业融合、责任共担、文化沟通等打造基于“利益共同体、命运共同体和责任共同体”的互利共赢的区域合作机制，对建构合作共赢的人类命运共同体具有重要意义。习近平主席在第二届“一带一路”国际合作高峰论坛上再次提出，共建“一带一路”，关键是互联互通。[③] 在 2020 年 6 月 18 日举行的“一带一路”国际合作高级别视频会议上，习近平主席提出：促进互联互通、坚持开放包容是应对全球性危机和实现长远发展的必由之路，共建“一带一路”国际合作可以发挥重要作用；我们愿同合作伙伴一道，把“一带一路”打造成团结应对挑战的合作之路、维护人民健康安全的健康之路、促进经济社会恢复的复苏之路、释放

---

① 《共建通向共同繁荣的机遇之路——习近平总书记谋划推动共建“一带一路”述评》，https://www.gov.cn/xinwen/2021-11/19/content_5651805.htm。

② 习近平：《联通引领发展　伙伴聚焦合作——在“加强互联互通伙伴关系”东道主伙伴对话会上的讲话》，《人民日报》2014 年 11 月 9 日第 2 版。

③ 习近平：《齐心开创共建“一带一路”美好未来——在第二届“一带一路”国际合作高峰论坛开幕式上的主旨演讲》，人民出版社 2019 年版，第 4 页。

发展潜力的增长之路；通过高质量共建"一带一路"，携手推动构建人类命运共同体。① 在2021年4月20日博鳌亚洲论坛上，习近平主席在讲话中强调：我们将同各方继续高质量共建"一带一路"，践行共商共建共享原则，弘扬开放、绿色、廉洁理念，努力实现高标准、惠民生、可持续发展目标；我们将建设更紧密的卫生合作伙伴关系，更紧密的互联互通伙伴关系，更紧密的绿色发展伙伴关系，更紧密的开放包容伙伴关系，为人类走向共同繁荣做出积极贡献。② 习近平主席在2021年11月19日举行的第三次"一带一路"建设座谈会上再次强调：完整、准确、全面贯彻新发展理念，以高标准、可持续、惠民生为目标，巩固互联互通合作基础，拓展国际合作新空间，扎牢风险防控网络，努力实现更高合作水平、更高投入效益、更高供给质量、更高发展韧性，推动共建"一带一路"高质量发展不断取得新成效。③

可见，中国共建"一带一路"倡议，高度重视推动涵盖基础设施的硬件联通、规章制度标准政策的软件联通、人文交流友好互信的人文联通在内的高质量的互联互通网络建设，旨在建立突破地理环境约束和个别行业领域褊狭的多元化、立体化、高效化的合作机制架构。这与联合国2030年可持续发展议程的17项大类和169项具体目标高度契合且成为重要支撑，对促进全球可持续发展、助推开放型世界经济具有不可替代的作用④。从另一个方面看，互联互通建设以及伙伴关系形成也是高质量共建"一带

---

① 《习近平向"一带一路"国际合作高级别视频会议发表书面致辞》，《人民日报》2020年6月19日第1版。

② 《习近平在博鳌亚洲论坛2021年年会开幕式上发表主旨演讲》，《人民日报》2021年4月21日第1版。

③ 《以高标准可持续惠民生为目标 继续推动共建"一带一路"高质量发展》，《人民日报》2021年11月20日第1版。

④ 陈文玲：《"一带一路"将为人类带来更加美好的明天》，《全球化》2019年第12期。

一路”的内在要求和基本抓手，有助于“一带一路”建设在全球立体化铺开、形象化展现。在全球化遭遇逆流、贸易保护主义盛行、全球经济不确定性增多，尤其叠加新冠疫情的背景下，“一带一路”倡议更能凸显其全球公共产品和有效合作平台的网络功能。中国提出共建“一带一路”倡议正是旨在通过互联互通破解逆全球化潮流和“发展鸿沟”，促进共享发展和繁荣，为构建人类命运共同体增添新动力①。同时，互联互通建设将消除阻碍要素自由流通的各种封闭、隔阂、障碍和阻塞、矛盾、差距、不公平因素以及恶性竞争和冲突，有助于增进市场要素活跃交流并发挥优势互补性和协同性，繁荣投资、贸易，促进居民就业、增收和整体经济增长，改善友好合作氛围。改善相互联通可为“一带一路”倡议打牢基础、充实内容和强化动能，推进区域基础设施、产业和市场的形成，促进贸易投资自由化和便利化，就像打通经络和血脉，会让“一带一路”活起来、动起来、强起来。② 可见，“一带一路”倡议与互联互通伙伴关系建设相互包容交叉、共促共进、相得益彰。

（三）建设迈向人类命运共同体的高质量互联互通之路③

过去 10 年来，共建“一带一路”在促进互联互通方面取得

① 张茉楠：《“一带一路”：迈向全球互联互通伙伴关系》，《开发性金融研究》2020 年第 2 期。

② 《共建亚洲发展和命运共同体 专家解读习近平主席在加强互联互通伙伴关系对话会上的讲话》，新华网，http://www.xinhuanet.com/world/2014-11/09/c_1113170980.htm。

③ 本部分作者系郑雪平，西南石油大学经济管理学院副教授，经济学博士；林跃勤，中国社会科学院大学政府管理学院教授，中国社会科学院中国社会科学杂志社传播中心主任、研究员，经济学博士。本部分内容见郑雪平、林跃勤《“一带一路”倡议促进人类命运共同体建构研究》，《亚太经济》2022 年第 1 期。

了显著成效并成为日益重要的国际公共产品和国际合作平台，但整体联通质量及效能还不够凸显。来自美国的"建设更美好世界"（B3W）计划、欧盟的"全球门户"倡议等的挑战日益严峻。随着共建国家对未来分享"一带一路"倡议下互联互通效益期望值的提高，迫切需要进一步提高共建"一带一路"框架下的互联互通质量标准、效益分享及可持续性，为促进区域及全球发展共同体、命运共同体做出更大贡献。

1．增强互联互通目标对接及引领性

为了进一步提高"一带一路"倡议下的联通网络化、便捷化、可持续化和可及化水平，未来，我们需要在共建"一带一路""五通"项目规划中加强与合作国家、国际组织等就区域性、跨区域性联通网络的长期规划进行充分的沟通、对接，与合作国家以及合作区域的经济社会发展战略规划衔接，做好多方合作主体、多种联通方式、多元发展规划之间的长期性、整体性、综合性、网络化权衡考量，提高"一带一路"倡议下互联互通建设的前瞻性、网络性、科学性、合理性、引领性水平。相应地，还需要加强与相关合作国家和区域的制度、政策等的有机协商整合，建立常态化的双边会晤和多边协商机制，在基建规格、技术标准、口岸管理、运输标准、管理规范等方面制定具有国际性、科学性和可行性的标准规范。建立因地制宜的设施联通差异化对接模式，发挥高质量互联互通对"一带一路"共建的最大驱动作用。

2．提高互联互通质量标准

面对互联互通建设日益激烈的国际竞争，特别是美欧日澳等对"一带一路"倡议下的基础设施建设标准、质量、效益和招标与建设过程透明度、规范性等提出疑问和批评，提高共建"一带一路"框架下的互联互通网络标准、质量、效能、普惠性

和可持续性，保证建设过程的科学性、合规性和透明性等迫在眉睫。未来在推进共建“一带一路”倡议下的互联互通网络建设方面，需要更加注意满足各方提出的技术、规范、质量与效能标准目标，包括项目设计的高标准与可靠性，建设过程的规范性与透明性，合作国家联通网络的完善性和便捷性，以及对合作国家和区域经济社会发展的积极作用和预期效益，居民普遍可及性和持续性等。力求与合作伙伴共同科学规划设计、合力建设、运营管理好所有互联互通设施项目，对项目从规划、设计、建设到运行、管理、考核等全过程实行高标准监控，努力共同打造具有国际一流水准和国际竞争力的互联互通样板工程。

3. 增强互联互通可持续性

互联互通稳定可持续性要求联通项目网络建设有稳定持续的投入保障、持续可靠的运行质量、共同协调的合规管理、债务可控和稳定合理的投入回报及客观的经济社会收益等。稳定性及可持续性是“一带一路”框架下高质量互联互通建构的基本要求，也是提高其国际竞争力的重要基础。首先，需要做好重大联通项目的可行性规划。对重大项目做好科学设计，对质量标准、建设过程、运行管理等进行统筹考量，从源头上保证互联互通建设具有坚实的可持续性基础。其次，要建立稳定可持续的投入保障。合作各方要建立可靠的投融资机制，保证资金等要素的稳定可持续投入，避免资金链断裂、投资回收超预期、债务负担过重等导致的项目停工、延期或者中断，甚至被取消或者破产等情况的出现。最后，努力推进相关合作机制与政策保障配套。遵循联合国全球契约组织（UNGC）2020 年 6 月发起的“可持续基础设施建设助力‘一带一路’，加速实现联合国可持续发展目标”、第二届“一带一路”国际高峰论坛期间各方联合发布的《“一带一路”融资指导原则》及《“一带一路”债务可持续性分析框架》等的要求，遵守合作国家有关可持续发展的相关法律制度和政策规定，有效解决互联互通建设中金融、汇率、海关、劳动保障、环保等方面出现的问题，提高其合规管理水平，保证各类项目的稳定持续推进。

4. 促进互联互通普惠性

共商、共建、共享是共建“一带一路”的基本原则。互联互通成果的收益分享水平是检验“一带一路”倡议共享性的标志。惠民生意味着联通建设要惠及各参与者和相关方，更意味着要立足为共建“一带一路”各国和地区人民服务，让大众对建设成果有真切实在的获得感、满足感。尽管各个国家在互联互通中的收益会有所不同，但国家之间只要能够充分合作协调，必将实现多方共赢。要落实惠民生要求，就要让民众有更好的平等主动参与感与公平成果分享感。应注重联通项目建设能提高当地就业水平、提高劳动者收入水平、降低贫困、增加政府税收、改善医疗卫生设施、坚持绿色发展，给劳动者提供教育培训机会及社会保障等。此外，还应注重公共设施建设亲近民众、质量优良、服务便捷、价格可及与可持续利用。

5. 完善互联互通机制

机制化建设有助于整合共建国家现有的发展计划，激励更广泛的相关方参与，从而建立新的伙伴关系，推进可持续发展。机制化建设有助于提高联通建设的政策沟通制度化水平。中国应与合作国家以及联合国等国际组织和机构共同推进互联互通规则制度建设，创设符合国情和国际规范的基础设施建设、环境保护、绿色能源、技术流程、数字经济、人工智能、技能培训、公共卫生以及人文交流等方面的规则制度与标准规范，形成适合共建“一带一路”互联互通的国际合作新制度、新规则，为改善全球治理和推动国际新秩序建构提供新的公共物品。如探索“一带一路”基础设施PPP模式及规则；“一带一路”基金项目开放竞标规则；建立“绿色信贷指标体系”；探索设立金融产品创新机制；推进政策沟通与制度协调的规则机制化安排；创新金融开放、货币互换和本币结算、投资便利化制度建设、技术标准规范相互认证、海关相互认证制度建设等。应提高“一带一路”“软联通”制度规则的国际标准。建议完善和深化以“一带一路”国际高峰论坛为引领，以中国—联合国共建“一带一路”对话机制、“一带一路”倡议与欧亚经济联盟对接机制等为支撑，以中欧班列、港口、海关、金融、税务、能源、环保、文化、智库、媒体等各领域多双边合作为平台的“一带一路”国际合作机制，并发挥其打造互联互通伙伴关系的强大支撑服务功能。

“一带一路”倡议是建设区域乃至全球互联互通的重要平台。共建“一带一路”的宗旨不仅在于与合作国家建设基于“五通”的全面互联互通伙伴关系，更在于实现优势互补、互利共赢和区域命运共同体建设，进而促进人类命运共同体理念的实践。“一带一路”倡议下的高质量全球互联互通将为人类命运共同体理念的实践提供强大动能。面对美欧提出的“建设更美好世界”和“全球门户”倡议等的挑战，中国需要与合作国家共同提高互联互通建设的标准质量、提高红利分享的普惠程度、促进可持续性及制度规则的创新，以打造更高质量和更具竞争力的互联互通，进一步推动人类命运共同体的建设。

二 “一带一路”倡议在周边地区的探索

（一）“一带一路”建设在欧亚地区的探索①

欧亚地区共建“一带一路”取得重大成就的根本原因是遵循习近平外交思想。中国在与欧亚国家共建“一带一路”过程中始终坚持共商共建共享原则，把相互尊重、合作共赢的理念内化于心、外化于行，引发欧亚国家的广泛共鸣。具体而言，欧亚地区共建“一带一路”呈现出以下显著特点。

1. 坚持元首战略引领，强化政治保障

在欧亚地区共建“一带一路”过程中最鲜明的特点就是元首的战略引领。2013 年以来，习近平主席与欧亚国家元首保持高频对话，有效巩固和提升了双边政治互信，为推动“一带一路”建设提供政治保障。比如，与普京在不同场合共会晤 38 次②；与哈萨克斯坦首任总统纳扎尔巴耶夫共会晤 19 次③；白

---

① 本部分作者系王晨星，中国社会科学院俄罗斯东欧中亚研究所副研究员。本部分内容见王晨星《构建更紧密的命运共同体：“一带一路”建设的欧亚实践》，《俄罗斯东欧中亚研究》2022 年第 5 期。

② 《中俄元首“新春之会”，引海内外高度关注》，http://www.news.cn/world/2022-02/05/c_1211555286.htm。

③ 《习近平会见哈萨克斯坦首任总统》，https://world.huanqiu.com/article/9CaKrnKk7ZR。

俄罗斯总统卢卡申科先后6次访华①，2015年习近平主席也对白俄罗斯进行了国事访问。此外，在元首的战略引领下，中国与欧亚国家相互支持，提出重大国际倡议，欧亚地区治理理念内容不断丰富，各国发展目标进一步趋同。习近平主席在欧亚地区提出了诸多外交理念，仅2013年先后就有人类命运共同体理念、新型国际关系及“一带一路”倡议，在2014年又提出了新安全观。这些重要理念得到欧亚各国积极响应，成为中国与欧亚国家外交关系和务实合作的指导性理念。2014年，时任哈萨克斯坦总统纳扎尔巴耶夫提出“光明之路”计划，意在与“一带一路”建设实现对接。2016年，俄罗斯总统普京正式提出“大欧亚伙伴关系”构想，2019年中俄两国在联合声明中明确“大欧亚伙伴关系”与人类命运共同体是并行不悖的关系。

2. 践行丝路精神，凝聚合作共识

丝路精神几乎与“一带一路”倡议同时提出，是共建“一带一路”的重要理念基础。2013年9月13日，习近平主席在吉尔吉斯斯坦比什凯克举行的上海合作组织成员国元首理事会第十三次会议上首次提出“丝路精神”。习近平主席指出：“作为上海合作组织成员国和观察员国，我们有责任把丝绸之路精神传承下去，发扬光大。”② 此后，习近平主席多次阐释丝路精神的内涵，回答了“什么是丝路精神，如何弘扬丝路精神”这一基本问题。所谓丝路精神，归纳起来就是和平合作、开放包容、互学互鉴、互利共赢。2016年6月22日，习近平主席在乌兹别克斯坦最高会议立法院的演讲中强调了丝路精神与“一带一

① 《论白俄罗斯与中国的政治关系》，https://china.mfa.gov.by/zh/bilateral/political/。

② 习近平：《弘扬“上海精神”促进共同发展——在上海合作组织成员国元首理事会第十三次会议上的讲话》，《人民日报》2013年9月14日第2版。

路"、人类命运共同体之间的关系。习近平主席指出："我们以共商、共建、共享为'一带一路'建设的原则，以和平合作、开放包容、互学互鉴、互利共赢的丝绸之路精神为指引，以打造命运共同体和利益共同体为合作目标，得到共建国家广泛认同。"① 在丝路精神的指引下，"一带一路"建设的前进方向更为明确，就是要建成和平之路、繁荣之路、开放之路、创新之路及文明之路。2021 年，在中国共产党百年华诞之际，丝路精神被纳入首批中国共产党人精神谱系，成为中国共产党精神力量的重要支撑，也成为党指导对外工作的重要思想源泉之一。

3. 推动中俄关系发展，筑牢大国关系框架

大国关系事关全球战略稳定，大国间相互合作才能实现全球发展。② 推进大国协调合作，构建总体稳定、均衡发展的大国关系框架是新时代中国特色大国外交的重要组成部分。纵观当前世界上各组大国关系发展态势，显而易见的是，中俄关系是世界上重要的双边关系之一，具有强大内生动力和独特价值。2017 年 7 月，两国元首在"三不原则"（不结盟、不对抗、不针对第三方）基础上，达成"四个相互坚定支持"共识③，进一步丰富中俄共同外交理念，两国政治互信水平迈上新台阶。欧亚地区是中俄的共同周边，也是两国国家安全的周边屏障。

① 中共党史和文献研究院编：《习近平谈"一带一路"》，中央文献出版社 2018 年版，第 8、33—34、109—110 页。

② 中共中央宣传部、中华人民共和国外交部：《习近平外交思想学习纲要》，人民出版社 2021 年版，第 122 页。

③ "四个相互坚定支持"共识指的是，支持对方维护本国主权、安全、领土完整等核心利益的努力，支持对方走符合本国国情的发展道路，支持对方发展振兴，支持对方推行自主的内政方针。参见《中华人民共和国和俄罗斯联邦关于进一步深化全面战略协作伙伴关系的联合声明》，新华社，2017 年 7 月 5 日，http://www.xinhuanet.com//world/2017-07/05/c_1121263941.htm。

为维护欧亚地区和平、稳定和繁荣，中俄两国肩负着特殊的使命。中俄加强地区层面战略协作，不仅要加强防范“三股势力”外溢，还要防止以美国为首的西方国家在欧亚国家策动新一轮“颜色革命”，粗暴干涉别国内政，在中俄共同周边制造不稳定因素。因此，在欧亚地区筑牢以中俄关系为核心的大国关系框架符合中俄两国共同利益，也是中俄全面战略协作伙伴关系的地区延伸。正如2019年6月习近平主席会见时任俄罗斯总理梅德韦杰夫时所言：“面对纷繁复杂的国际形势，特别是一些遏制新兴市场国家发展的不正当行径，中俄加强全面战略伙伴协作，对维护我们两国和两国人民利益、对维护世界和平稳定繁荣意义重大。”①

4. 践行真正多边主义，塑造制度环境

践行真正的多边主义就是要基于各国共同制定的规则和制度，走开放包容、协商合作、与时俱进的路子，实现各国利益深度交融，激发国际合作动能和潜力。2021年5月，习近平主席与联合国秘书长古特雷斯通话时指出：“世界需要真正的多边主义。各国应该按联合国宪章宗旨和原则办事，不能搞单边主义、霸权主义，不能借多边主义之名拼凑小圈子，搞意识形态对抗。”② 在欧亚地区践行真正多边主义，做大区域合作的共同利益圈，主要依托“一带一路”与欧亚经济联盟对接合作（简称“带盟对接”）和上海合作组织（简称“上合组织”）。带盟对接作为一种新型跨区域合作的制度安排，其目标作用在于提升制度间相互学习、相互嵌入，形成多制度聚合及制度间和谐共生的局面；避免地区制度出现“意大利面碗效应，甚至制度

---

① 《习近平会见俄罗斯总理梅德韦杰夫》，《人民日报》2019年6月7日第1版。

② 《习近平同联合国秘书长古特雷斯通电话》，《人民日报》2021年5月7日第1版。

间竞争及对抗，造成制度散流化，导致地区治理赤字。换言之，带盟对接在中国与俄罗斯及其他欧亚国家开展经济合作过程中起到不可或缺的制度引流、制度规范及制度激发作用。① 自2015年6月正式启动带盟对接以来，带盟对接已从项目引领向制度引领转变。2018年5月，双方签署《中华人民共和国与欧亚经济联盟经贸合作协定》。2019年6月，双方还签署了另一份重要文件，即《中华人民共和国与欧亚经济联盟国际运输货物和交通工具信息交换协定》。经过20多年的发展，上合组织多边合作机制趋于完善，形成了政治、经济、安全、人文合作的"四轮驱动"架构。值得注意的是，上合组织是冷战后成立的、具有非西方特质的新型国际组织，其具有较强的制度韧性和合作潜力，也因为如此，上合组织近年来对外吸引力不断提升。2014年起，习近平主席在上合框架内多次强调命运共同体理念。2018年青岛峰会上，习近平主席提出构建"上海合作组织命运共同体"。2021年在上合组织成员国元首理事会第二十一次会议上，习近平主席进一步把上海合作组织命运共同体细化为"卫生健康共同体""安全共同体""发展共同体""人文共同体"四大建设方向。

5. 发挥经济互补优势，共享发展成果

中国与欧亚国家经济极具互补性，这为共建"一带一路"、做大共同利益圈提供了良好的物质条件。从空间上看，除了俄罗斯、乌克兰、格鲁吉亚外，其他大部分欧亚国家为内陆国，甚至还存在"双内陆国"（乌兹别克斯坦）。缺乏入海口、物流通道不畅、远离世界经济发展中心是长期制约欧亚国家经济发展的结构性因素。参与共建"一带一路"，借道中国打通通向亚

① 王晨星：《有限团结：欧亚经济联盟效能评估》，《俄罗斯学刊》2020年第10期。

太地区的物流通道，同时吸引中国物流，利用本国区位优势和物流通道潜能，在中欧物流网络中占据节点位置，成为大部分欧亚国家参与世界经济体系和国际分工、挖掘本国经济新增长点的必然选择。如哈萨克斯坦利用中国连云港来装卸和运输同东南亚、南北美洲国家间的过境货物；哈萨克斯坦、阿塞拜疆和格鲁吉亚三国铁路公司提出“跨里海东西运输走廊”构想，吸引中方企业通过该通道向土耳其、南欧地区运输货物。从要素上看，欧亚国家自然资源丰富，石油、天然气、木材、煤、稀有金属等储量均处于世界前列。因此，资源出口型经济是欧亚国家经济发展的普遍模式。中国是欧亚国家毗邻的资源大体量消费市场，在中国从欧亚国家的进口贸易结构中资源类商品一般占主导地位。同时，欧亚国家是中国工业制成品、电子产品的毗邻消费地，在中国向欧亚国家的出口贸易结构中此类产品占多数。随着“一带一路”建设向高质量发展阶段迈进，中国与欧亚国家务实合作从贸易向共塑区域价值链产业链转进。上、中、下游全产业链合作已成为中国与欧亚国家合作的新亮点。从形式上看，大项目合作一直是中国与欧亚国家开展务实合作的主要形式。大项目合作具有政府主导性、战略性、安全性的特点，符合双方合作领域的特殊性和重要性。

（二）“一带一路”倡议与构建周边命运共同体的实践①

1. 周边命运共同体理念

周边命运共同体的概念是从2013年逐步提出的。2013年10

① 本部分作者系邢广程，中国社会科学院学部委员，中国边疆研究所所长、研究员，边疆安全与发展研究中心主任。本部分内容见邢广程《习近平外交思想视域下的人类命运共同体和周边命运共同体》，《中国与周边国家关系研究》2022年第1期。

月 3 日，习近平主席在印度尼西亚国会的演说中表示，中国与印度尼西亚一道，“携手建设更为紧密的中国—东盟命运共同体”。① 2013 年 10 月 24 日，习近平主席在周边外交工作座谈会上明确提出，“让命运共同体意识在周边国家落地生根”②，明确提出了周边命运共同体的概念。2014 年 11 月 28 日，习近平主席在中央外事工作会议的重要讲话中明确提出要求，强调要切实抓好周边外交工作，“打造周边命运共同体”。③ 构建周边命运共同体是构建人类命运共同体的重要组成部分，是构建人类命运共同体的关键环节和重要区域。“周边命运共同体”概念的提出是有深刻的时代背景的。

第一，构建人类命运共同体为构建周边命运共同体搭建了思想框架，周边命运共同体理念是在人类命运共同体理念框架下产生的。

第二，中国周边多样性特点十分突出，是多种文明和多民族的汇聚之地。中国周边地区挑战与机遇并存，既是世界上最具有发展活力和潜力的区域，也面临各种风险和挑战。这里既有热点敏感问题，又存在民族宗教矛盾，地区恐怖主义、跨国犯罪、环境安全、网络安全、能源资源安全以及重大自然灾害所带来的挑战明显上升。共同的历史命运和现实挑战将中国与周边地区紧紧地联系在一起，客观上需要通过构建周边命运共同体，共同主动地迎接各种挑战。

第三，经过多年的努力与合作，中国与周边国家已经建立了比较成熟的利益共同体。一方面，中国与周边国家保持友好

① 《共同建设二十一世纪“海上丝绸之路”》，载《习近平谈治国理政》，外文出版社 2014 年版，第 292 页。

② 《坚持亲、诚、惠、容的周边外交理念》，载《习近平谈治国理政》，外文出版社 2014 年版，第 299 页。

③ 《中国必须有自己特色的大国外交》，载《习近平谈治国理政》第二卷，外文出版社 2017 年版，第 444 页。

合作的双边伙伴关系，比如中俄新时代全面战略协作伙伴关系，中国与巴基斯坦的传统友谊关系；另一方面，中国还与周边区域国际组织建立并保持了密切的合作关系，如中国—东盟合作机制、上海合作组织等。中国与周边国家建设周边命运共同体具有相对良好的基础和条件。

第四，崛起的中国对周边地区的影响越来越大，周边国家与中国各领域的战略互动的规模也越来越大，需要通过一种制度性的安排加以确认，周边命运共同体的理念就被赋予了这个时代的使命。

2. 探索构建周边命运共同体

2017 年 5 月 14 日，习近平主席在第一届“一带一路”国际合作高峰论坛开幕式讲演中表示，从现实维度看，我们正处在一个挑战频发的世界，“和平赤字、发展赤字、治理赤字，是摆在全人类面前的严峻挑战。这是我一直思考的问题”。① 全球治理正在面临多边和单边、开放和封闭、合作和对抗的十字路口，全球治理体系有效性受到影响，其治理能力在不断降低。当今的国际局势处于非常复杂多变的状态中，世界百年未有之大变局与全球世纪疫情蔓延交织在一起，形成全球性世纪性的时空叠加，全球范围内的不稳定性不确定性明显提升。从经济演进趋势上看，世界正处于第二次世界大战结束以来最严重的经济衰退之中，这表现在：一是全球范围内各大经济板块历史上首次同时遭受冲击，形成急剧下行之势；二是全球产业链和供应链运行不畅，甚至还存在断裂的危险；三是全球性的贸易和投资活动受到空前的抑制。面对世界性的问题，必须采取措施加

① 习近平：《携手推进“一带一路”建设——在“一带一路”国际合作高峰论坛开幕式上的演讲》，《人民日报》2017 年 5 月 15 日第 3 版。

以解决。习近平主席提出了解决问题的中国方案，即用好和平、发展、合作、共赢的"金钥匙"，携手应对全球性挑战，破解全球性问题，而不是搞单干，搞甩锅，嫁祸于人。世界只有向着构建人类命运共同体的方向前行，人类才能走出危机，走出困境，才能降低世界的不确定性和不稳定性，才能共创更加美好的未来。构建人类命运共同体是旨在解决"时代之问"的中国方案，是推动构建相互尊重、公平正义、合作共赢的新型国际关系的重要思路，而"一带一路"倡议，就是要实践人类命运共同体理念，更明确地说，"一带一路"倡议实现的最高目标就是构建人类命运共同体。因为在古代，古丝绸之路就承载了欧亚文明交流交融交往的重任，成为古代欧亚各国命运共同体构建的重要载体和平台。"一带一路"建设正是基于实践人类命运共同体的时代要求，在全球化相互依存时代，在全球更大范围内整合经济要素和发展资源，通力完善全球治理体制机制，以迎接当今世界所面临的一系列重要挑战和危机。

首先，构建中国—东盟命运共同体。中国与东盟借助"一带一路"平台，进行深度融合发展：在贸易合作方面，中国是东盟第一大贸易伙伴国，已连续保持了 14 年。需要强调的是，2020 年东盟超过欧盟，成为中国最大贸易伙伴，中国与东盟首次互为最大贸易伙伴，由此可见，中国与东盟的经济合作非常深入；在数字经济合作方面，2020 年中国—东盟成功举办了数字经济合作年，促进了双方数字经济合作进一步加强，智慧城市、5G、人工智能、电子商务、大数据、区块链、远程医疗等领域是双方合作的重点，旨在建设中国—东盟信息港，构建"数字丝绸之路"；在全球疫情蔓延的情况下，中国与东盟共同推动产业链、供应链、价值链融合发展，保持产业链、供应链和价值链的平稳运行；在区域经济合作方面，在 2022 年年初《区域全面经济伙伴关系协定》正式生效后，2021 年 4 月，中国正式完成 RCEP 核准程序，在非东盟国家中第一个正式完成核准程序；在互联互通方面，中国与《东盟互联互通总体规划2025》对接，中国还与东盟成员国进行战略对接，如与柬埔寨“四角战略”、菲律宾“大建特建”计划、泰国“泰国4.0”发展战略等实施对接，加强互联互通方面的合作，一批互联互通项目取得很大进展，获得了较好的经济效益，中老铁路正式开通运营，雅万高铁、中泰铁路、越南河内轻轨等项目顺利进行，中国还准备加强陆海新通道建设，构建中国—东盟多式联运联盟；在“一带一路”合作方面，提高中国—东盟自由贸易区水平、提高贸易投资便利化和自由化水平，出台诸如《中国—东盟战略伙伴关系2030年愿景》《中国—东盟关于“一带一路”倡议同〈东盟互联互通总体规划2025〉对接合作的联合声明》《落实中国—东盟战略伙伴关系联合宣言的行动计划（2021—2025）》等指导性文件，稳步推进了相互之间的战略合作，推动澜湄合作、中国—东盟东部增长区合作。“深化共建‘一带一路’同欧亚经济联盟对接合作，支持数字经济创新发展。”① 推动共建“一带一路”向高质量发展转变。

其次，中俄关系已成为共建人类命运共同体的国家关系典范。②“新时代中俄关系全面战略协作伙伴关系动力十足、前景广阔。”③ 中俄两国首座跨江铁路桥同江—下列宁斯阔耶铁路大桥实现铺轨贯通。据估算，同江铁路大桥年过货能力约2100万吨。在投资和项目合作方面，仅2021年前5个月，中国对俄非金融直接投资增长48.3%，新签承包工程合同额增长93%，俄

---

① 《习近平出席第六届东方经济论坛全会开幕式致辞》，《人民日报》2021年9月4日第1版。

② 《中方愿同俄方一道携手构建人类命运共同体——访中国驻俄罗斯大使张汉晖》，法治网，http://www.legaldaily.com.cn/index/content/2023-03/20/content_8834335.html。

③ 《习近平出席第六届东方经济论坛全会开幕式致辞》，《人民日报》2021年9月4日第1版。

罗斯央行和海关的统计数据显示，人民币在中俄双边贸易结算中占比已超过17%，在俄罗斯国际储备中占比超过12%。中国铁建承建莫斯科地铁项目，中国公司还承担莫斯科市中国贸易中心“华铭园”建设。中国能建国际公司和华北院组成的联合体签署了俄罗斯莫尔多瓦共和国860兆瓦燃气蒸汽联合循环电站项目工程采购施工（EPC）合同，合同金额约6.6亿美元，这是中国在俄罗斯单机容量最大的火电项目。2020年，中俄双边贸易额达1077.77亿美元，连续3年超千亿美元，中国是俄罗斯第一大贸易伙伴。中国向俄罗斯出口手机、笔记本电脑、汽车零配件等，俄罗斯向中国出口原油、天然气、煤炭、植物油等产品，此外，俄罗斯的肉制品、面粉、植物油、海产品、蜂蜜、糖果等产品加快出口中国。2021年上半年，俄罗斯对华出口农产品18.8亿美元，中国仍是俄罗斯农产品最大进口国，2021年第一季度中国进口3700吨俄罗斯牛肉，是2020年同期的20倍。2021年4月，满洲里—外贝加尔斯克边境口岸俄罗斯境内段已完成铁路线路的电气化改造。俄罗斯铁路公司计划在2023年前对远东铁路主干线贝加尔—阿穆尔铁路和西伯利亚铁路进行现代化改造。①

古丝绸之路显示出欧亚各国开放包容合作共荣的共同体精神，“一带一路”倡议的推进也要汲取和弘扬这种古丝绸之路精神，挖掘古人给我们留下的合作共济、风险共担、利益共享的共同体意识，按照习近平主席提出的政策沟通、设施联通、贸易畅通、资金融通、民心相通思路构建人类命运共同体，将“一带一路”建设作为推进经济全球化健康发展、构建人类命运共同体的重要途径。

共建“一带一路”是中国推动构建人类命运共同体的重要

① 《中俄经贸合作量质同步提升》，《人民日报》2021年8月28日第3版。

实践载体和平台，也是构建中国周边命运共同体的重要实践载体和平台。共建“一带一路”不仅顺应全球治理体系变革的内在要求，也顺应周边地区治理体系的内在要求；不仅彰显了人类命运共同体意识，也彰显了周边命运共同体意识。人类命运共同体的重要内涵就是“同舟共济、权责共担”①，“以共建‘一带一路’为实践平台推动人类命运共同体，这是从我国改革开放和长远发展出发提出来的，也符合中国民族历来秉持的天下大同理念，符合中国人怀柔远人、和谐万邦的天下观，占据了国际道义制高点。共建‘一带一路’不仅是经济合作，而且是完善全球发展模式和全球治理、推进经济全球化健康发展的重要途径”。② 整合资源，以基础设施等重大项目建设和产能合作为重点。推进合作方在铁路、公路、港口、油气管道、电力输送、通信网络等基础设施方面的建设，推动“一带一路”框架下的产业合作园区、自由贸易区建设，对合作伙伴之间的规则和标准体系进行兼容性制度协调，改善营商环境，改革营商机制。随时密切关注重大项目、金融支撑、投资环境、风险管控、安全保障等关键问题。落实联合国《2030 年可持续发展议程》，与二十国集团、亚太经合组织、东盟、非盟、欧亚经济联盟、欧盟、拉共体等国际组织或区域组织进行密切合作，建立政策协调机制，打通融资渠道，增创融资方式、降低融资成本。

中国与周边国家应联合共进，以适应全球第四次工业革命发展浪潮，共同合作探索新技术、新业态和新模式，抓住数字经济、网络经济和智能经济发展的机遇，寻求新的发展动能和路径。中国与周边国家和地区在共建“一带一路”方面更应该着眼于科技创新和思路创新，赋予“一带一路”强烈的时代感、

---

① 《共同绘制好“一带一路”的“工笔画”》，载《习近平谈治国理政》第三卷，外文出版社 2020 年版，第 486 页。

② 《共同绘制好“一带一路”的“工笔画”》，载《习近平谈治国理政》第三卷，外文出版社 2020 年版，第 487 页。

高科技和创新色彩鲜明的特点，只有这样，中国与周边国家才能站在全球化发展的前沿。中国周边国家绝大多数是发展中国家，其发展不平衡问题比较明显，因此，更需要着眼于可持续发展问题，中国需要在"一带一路"倡议框架下与周边国家共建"一带一路"可持续城市联盟、绿色发展周边国际联盟和平台，共同应对气候变化合作平台。

"共建'一带一路'大幅提升了我国贸易投资自由化便利化水平，推动我国开放空间从沿海、沿江向内陆、沿边延伸，形成陆海内外联动、东西双向互济的开放新格局"①，周边地区的基础设施互联互通是中国与周边国家和地区进行区域合作的重要方面，也是中国实施"一带一路"倡议的重要内容。事实上，中国周边地区面临很大的发展瓶颈，其中一个重要的表现就是基础设施还没有实现互联互通。这就使中国周边国家和地区在融入全球供应链、产业链和价值链等方面显得很被动。实现中国周边国家和地区基础设施的互联互通成为区域发展的重要迫切任务。但如何建设高质量、抗风险、可持续、包容可及和价格合理的基础设施是中国与周边国家和地区需要坐下来认真讨论的问题。中国的基本思路是，与其他周边国家和地区一道，构建几个可以实施的平台：一是建设以新亚欧大陆桥为引领的经济走廊；二是以中欧班列和陆海新通道等大通道和信息高速路为标志的互联互通骨架；三是以铁路、港口、管网等为依托的基础设施互联互通立体网络；四是借助"一带一路"专项贷款、丝路基金、发展丝路主题债券等金融工具构建基础设施的互联互通网络，目的是促进该地区商品、人员、技术和资金的流通，促进贸易和投资自由化和便利化。2021 年 1—8 月，阿拉山口口岸和霍尔果斯口岸进出境中欧班列数量突破 8000 列。其

---

① 《共同绘制好"一带一路"的"工笔画"》，载《习近平谈治国理政》第三卷，外文出版社 2020 年版，第 486 页。

中，阿拉山口口岸进出境中欧班列4001列，同比增长28.4%；霍尔果斯口岸进出境中欧班列4211列，同比增长39.5%。新疆铁路部门对霍尔果斯站实施了扩能改造，对阿拉山口站6条线路进行了线路延长，缩短班列停留时间。阿拉山口、霍尔果斯海关加强“互联网+海关”应用，中欧班列出境通关时间压缩到5小时以内。经阿拉山口铁路口岸通行班列已有“渝新欧”“郑新欧”“长安号”“蓉新欧”等112条固定线路，可到达德国、波兰、比利时、俄罗斯等20多个国家，搭载的货物品类有200余种。经霍尔果斯口岸开行班列线路累计达78条，辐射德国、波兰、土耳其、俄罗斯等18个国家45个城市，货物品类涵盖服装百货、汽车配件、机电产品等200余种。① 探索构建周边命运共同体还需将构建“一带一路”同国内区域发展战略相对接，同京津冀协同发展、长江经济带发展、粤港澳大湾区建设等全面对接，同我国西部开发新格局、东北全面振兴等结合起来，促使我国内陆沿边地区成为开放前沿，形成陆海联动、东西互济的全方位开放新格局。

（三）探索区域治理的双方案：“一带一路”倡议与全球发展倡议②

“一带一路”倡议是2013年9月和10月习近平主席在访问哈萨克斯坦和印度尼西亚时提出的倡议，全球发展倡议是2021年9月习近平主席以视频方式出席第七十六届联合国大会一般

① 《新疆双口岸今年进出境中欧班列超8000列》，《新疆日报》2021年9月5日第1版。

② 本部分作者系王俊生，中国社会科学院习近平新时代中国特色社会主义思想研究中心特约研究员、中国社会科学院亚太与全球战略研究院研究员。本部分内容见王俊生《落实“一带一路”倡议与全球发展倡议》，《光明日报》2023年4月26日第12版。

性辩论时正式提出的倡议，两个倡议均旨在实现各国合作共赢，推动构建人类命运共同体。

1. 两大倡议旨在实现合作共赢

2015 年 3 月，中国发布的《推动共建丝绸之路经济带和 21 世纪海上丝绸之路的愿景与行动》（以下简称《愿景与行动》）指出，"一带一路"是促进共同发展、实现共同繁荣的合作共赢之路。全球发展倡议则指出要坚持普惠包容的原则，要支持发展中国家尤其是困难特别大的脆弱国家，要着力解决国家间和各国内部发展不平衡、不充分问题。以"倡议"的形式推出"一带一路"倡议和全球发展倡议体现了中国的合作共赢观。历史上，丝绸之路最活跃的时期也是中国最繁荣的时期，这体现了当时中国与周边地区共同发展繁荣的现实，也反映出古代中国有容乃大、以邻为友的传统。"一带一路"倡议与全球发展倡议正是传承了历史上的丝路精神。

2. 两大倡议相辅相成

"一带一路"倡议是实现全球发展倡议的具体手段，在"一带一路"倡议框架下，中国相继推动筹建了亚洲基础设施投资银行和丝路基金等。

从性质上看，"一带一路"倡议的开放性契合了全球发展倡议的要求。全球发展倡议的鲜明特点是开放包容，它超越了一国或一个地区的发展观，旨在实现全球共同发展。从路径上看，"一带一路"倡议有助于推动实现区域合作与全球共同发展。实现全球发展的路径不仅可以是双边合作，更需要区域合作。"一带一路"目前共规划新亚欧大陆桥、中蒙俄、中国—中亚—西亚、中国—中南半岛、中巴和孟中印缅六大经济走廊，体现了浓厚的区域合作色彩。当前，世界范围内的区域合作陷入低谷，"一带一路"倡议有望推进沿线地区的区域一体化水平，更有望推进全球发展。从统筹发展与安全看，“一带一路”倡议有助于缓解沿线地区安全困境，有助于为全球发展塑造有利安全环境。“一带一路”建设有助于把相关国家的关注点转移到实现共赢，通过合作共赢培养的政治互信有利于相关安全问题的解决。同时，通过加强互联互通、执法安全合作等，也能有效遏制跨国犯罪等非传统安全问题的发生。

3. 两大倡议聚焦发展又超越发展

“一带一路”倡议与全球发展倡议聚焦发展，但又超越了发展。历史上的丝绸之路不仅是商贸之路，更是文化交流之路和政治交往之路。“一带一路”倡议不仅是促进共同发展、实现共同繁荣的合作共赢之路，也是增进理解信任、加强全方位交流的和平友谊之路。同样，全球发展倡议的落实也将有力推进“民心相通”“政策相通”等。归根结底，“一带一路”倡议和全球发展倡议的根本目的均在于推动构建人类命运共同体。“一带一路”倡议与全球发展倡议不仅是实现发展的倡议，还蕴含着更为深刻的内涵，是中国对世界前途和发展道路的战略判断和战略选择，是中国着手推进构建人类命运共同体的具体实践，体现了中国的大国责任担当。

第三部分

变局与形势

一　国际形势

习近平总书记在党的二十大报告中指出，世界之变、时代之变、历史之变正以前所未有的方式展开，人类社会面临前所未有的挑战。① 把握国际战略格局的变化与挑战，洞悉大国战略博弈、区域合作特征及地区安全发展趋向，更好地服务于中国的外交政策，需要国际关系学界进行前瞻性的分析与评估。

（一）国际形势演变与区域合作新趋势②

当前全球治理体系和国际格局加速调整。国际秩序的变革处在一种非协调性的竞争状态，在利益地位、改革方向、未来秩序框架等方面，各方存在分歧。面对百年未有之大变局，进一步把握世界大势与时代变化脉络，需要国际关系学者做出新思考、新判断，其中国际形势演变和区域合作快速发展趋势值得高度关注。

---

① 参见习近平《高举中国特色社会主义伟大旗帜　为全面建设社会主义现代化国家而团结奋斗——在中国共产党第二十次全国代表大会上的报告》，《人民日报》2022 年 10 月 26 日第 5 版。

② 本部分作者系张蕴岭，中国社会科学院学部委员，山东大学国际问题研究院院长。本部分内容见张蕴岭、朱锋、杨伯江《大国战略博弈与国际形势新趋向》，《亚太安全与海洋研究》2023 年第 1 期。

1. **国际形势演变新特点**

第一，冷战结束后国际秩序的新一轮调整。第二次世界大战后，世界迎来了大变革，建立了以联合国为中心的全球治理体系，确立了国家间关系的基本原则。冷战爆发，形成了两大集团的危险对抗，对世界格局的发展产生了重要影响。冷战结束以后，美西方被认为是战胜者，形成了美国独霸世界的局面。美国基本上主导了世界的格局和走向，其利用“一家独大”的优势，极力推动构建“美国治下”的国际秩序，并且联合西方国家，在一些地区和国家强制推行其价值观和制度构建，结果激发了新的矛盾，给国际秩序带来严峻挑战。这些矛盾中尤为值得关注的是俄罗斯的反弹，即俄罗斯试图重建一个以俄为中心的区域关系秩序。目前来看，很大一部分原苏联加盟共和国为了寻求安全庇护都投奔了西方，俄罗斯和中亚国家则相对走上了独立的道路。然而俄罗斯重建区域关系秩序遇到了巨大的阻碍，受到了美西方的钳制，结果导致了如今乌克兰危机的爆发。

乌克兰危机是冷战后国际秩序调整的重要组成部分。这场危机影响巨大。美国、欧盟等直接为乌克兰提供援助，联合国大多数成员反对俄罗斯使用武力。在这种情况下，俄罗斯想要实现自己战略目标的难度很大。对于这场危机，国际关系学者需要深入研究形势的变化和影响，为决策参考提供更加科学、客观、全面的分析，避免战略误判。

维护中俄关系的稳定是重要的，但在诸多领域中俄合作会受到越来越多的限制。在美国对华开展全面战略竞争的情况下，中俄关系如何定位，如何与中国倡导的“全球安全倡议”对接，如何维护世界的和平大局，特别是如何维护中国发展与实现民族复兴宏伟目标的有利国际环境，这些新出现的形势，需要以变应变。

第二，中国综合国力的快速崛起对世界格局的影响。中国综合国力快速发展和大幅度提升，不仅改变了世界力量格局的结构，也带来更为综合的变化。中国的崛起是一种非西方制度的崛起，中国正以不同以往的面目、不同以往的影响力发挥作用。中国综合国力和影响力的大幅度提升，实际是后冷战时期国际秩序调整的重要组成部分。对此，美西方调整了对华战略政策，力图遏制中国力量和影响力的上升。当然，这不同于冷战时期美苏两大集团的对抗。当时苏联的明确目标就是一定要打败美西方国家。中国并不以此为目标，而是以世界的共同发展为目标，并提出一系列战略和倡议，如"构建人类命运共同体""全球发展倡议""全球安全倡议"，致力于推动与包括美国在内的西方国家共同构建一个包容、公平与合作的世界。

从中美博弈角度看，美国提出对华全面战略竞争，意在遏制中国大国崛起。但战略竞争不同于冷战对抗，并不意味着一定会走向全面战略对抗，也不是新冷战。战略竞争有回旋余地和可操作的空间。对中国来说，挑战是严峻的，美国希望在各个方面竞争中都要胜出，中国也需要谋划怎么在这种新的战略竞争下胜出。

第三，全球化的发展。从20世纪90年代起，全球化在快速发展并取得一系列成效的同时，也积累了很多问题。最突出的问题，就是财富的积累越来越集中，社会财富分配越来越两极化，这与社会大众的期盼是相悖的。政治家们利用这样一种变化，社会的支持也在发生转变。目前，保守主义、极端主义上升，有些并非为了纠正全球化的问题，而是为了借势推波助澜。

全球化出现的问题，需要在全球化发展中解决。全球化的大趋势不会从根本上改变，世界的相互依赖还是在不断加深。任何一个国家都不可能关起门来实现发展。公司不参与生产分工、不进入国际化供应链网络就难以发展，社会福利的增长也是在开放的条件下实现的。因此，我们需要研究如何在开放的情况下实现发展的均衡、财富的包容性分配，构建有韧性的社会保障体系，提升公众个人参与的能力。从全球角度看，世界经济的发展受到诸多挑战，经济增长下降，债务飙升，价格上涨，粮食供给不足，各国都面临发展的问题。因此，首要的是维护开放发展的大环境，维护供应链的稳定，维护开放的多边贸易体系，利用二十国集团这样的全球合作机制，推动世界经济恢复增长。如果没有世界经济的稳定增长，世界会变得更加混乱。

总之，世界进入了一个新的时期，不确定性、不稳定性和风险性大大增加。在这样一种复杂的情况下，未来世界如何发展？我们需要在“没有答案的世界”寻求答案。

2. 区域合作新趋势

第二次世界大战后，基于两次世界大战的教训，世界建立起以联合国为中心的全球治理体系，其中有两个考虑：一个是要维护世界的和平，确保不再发生新的世界大战，另一个是要推动世界的发展。所以，人类历史形成从未有过的全球治理。在后来的进程中，出现了一个新的趋势，这就是区域治理的快速发展。区域治理的核心是相关国家开展合作，解决区域层面的问题，推动区域的和平与发展。如今，在大区域、次区域各个层次，发展起了多样性的合作机制，使得区域化成为大趋势。

第一，欧洲的区域合作。基于两次世界大战的教训，第二次世界大战后西欧国家大力推动欧洲区域合作，从欧洲煤钢共同体、欧洲共同市场、欧洲共同体，到欧洲联盟，创建了统一大市场、共同货币、欧洲法院、欧洲议会，对区域安全、经济发展、对外关系进行综合治理。如今，大多数欧洲国家都加入了欧盟。这是欧洲历史上的一个重大的变革。欧洲区域合作的成功之处，一是实现了各个国家的协同发展，二是实现了欧盟内部的安全。英国脱欧并没有对欧盟产生大的影响，乌克兰危机反而使得欧盟内部进一步团结。欧盟面临的主要问题是，如何消化扩大造成的问题，如何回应对高度区域治理存有异议的右翼势力，以及如何应对乌克兰危机引发的能源供给危机等。面对诸多挑战，欧盟成员对于维护区域治理的基本认知并没有发生动摇。

第二，东南亚的区域合作。东南亚区域合作学习欧洲的经验，但并没有照搬欧盟的模式，而是探索出一条具有东南亚特色的"东盟方式"。"东盟方式"的基本特点是在维护国家主权的前提下，通过包容、渐进的合作方式，推动区域的政治包容、经济开放，实现区域的和平与发展。第二次世界大战后，东南亚地区面临两大难题：一是民族独立后的国家重建，二是解决冲突、战乱的复杂关系。通过几十年的努力，东盟逐步吸纳了东南亚所有国家加入，构建了开放的区域市场，制定了利于区域和平与发展的共守法规，实现了东南亚国家间的和平相处、协作发展，改变了长期以来该地区动乱冲突的情况。同时，东盟在东亚地区的开放与合作、和平与发展中扮演着重要的角色。通过以东盟为中心，构建多重经济合作、安全合作的机制，有助于东亚地区维护经济发展与和平稳定的局面。在中美战略竞争中，东盟不选边站，坚持以东盟为中心。这不仅有利于维护自身的利益，同时有助于缓冲大国竞争带来的冲突风险。东盟合作的经验值得研究，"东盟方式"所提供的区域治理经验值得重视。

第三，中国的区域合作。中国是一个区域大国，对于区域合作给予了高度重视。中国的区域合作可以大体分为两层：一是周边地区。中国与许多国家为邻，构成一个大的共生区域。作为区域内的大国，中国历来高度重视周边、重视近邻，一方面提出一系列基于构建友好合作关系的理念、原则与政策，如睦邻、富邻、安邻，命运共同体等；另一方面积极参与和推动周边地区的合作机制构建，构建了双边与次区域的"双轨"关系机制，后者包括中国—东盟机制、中日韩+东盟机制、东亚峰会、《区域全面经济伙伴关系协定》、上合组织、中日韩对话机制等。二是积极参与和推动其他地区的合作，包括中非合作论坛、中国—拉美合作论坛、中国—海湾合作组织合作论坛等。这种合作机制不是排他性的，更不是对抗性的。

新型区域合作不同于以往的结盟对抗，是以合作为理念，不以其他国家为假想敌，是非对抗性的。近来，美国基于战略竞争的设计，搞具有对抗性的区域安排。比如，“印太战略”框架下的诸多安排都以限制、脱钩中国为目标，突出政治化、安全化，这与包容、开放的区域合作精神及实践相背离。

不过，也应该看到，现在大多数国家都采取了“多选择，不选边”的战略，并不愿意与中国对抗，这样，就可以留下很多可操作的空间。在新的复杂的形势下，非常重要的是坚持区域合作和平与发展的大方向，拒阻把区域构建拉向分裂、对抗的歧途，让区域合作在推动新型区域关系和秩序构建中发挥积极的作用。

（二）乌克兰危机背景下的世界经济形势①

俄乌军事冲突延长对世界经济的不利影响将持续，但是冲击已经递减。由于俄罗斯是全球能源的重要供应者，乌克兰危机以及西方对俄罗斯的制裁直接导致俄罗斯能源的出口能力和路径被限制，全球石油和天然气供应将会因此减少。2022 年全球经历了乌克兰危机带来的油气价格暴涨的冲击。2023 年全球

① 本部分作者系徐明棋，上海国际经济交流中心副理事长、上海国际金融与经济研究院特聘研究员。本部分内容见杨洁勉、冯绍雷、徐明棋、丁纯、郑春荣、赵隆《俄乌冲突与国际局势：回顾与展望》，《俄罗斯研究》2023 年第 1 期。

经济不景气导致对能源的需求不旺，本来可以使石油价格回归至每桶50—60美元左右的低位。但如果乌克兰危机持续，2023年石油价格可能仍旧会在80—90美元一桶的高位徘徊。这对于世界经济并不是一个好消息。除了能源，俄罗斯还是很多金属矿产品的主要出口国，战争对资源性初级产品价格的影响也将继续在2023年存在。

全球粮食供应与需求本来处于弱平衡状态，俄罗斯和乌克兰是粮食出口大国，战争导致乌克兰粮食出口受阻，俄罗斯则受金融制裁影响对粮食出口采取了管制和配给措施，这都影响到全球粮食的供求平衡，导致粮食价格高位运行。俄罗斯是世界第一大小麦出口国，每年出口大约占到全球小麦贸易量的20%，每年出口的小麦高达3900万吨。2022年俄罗斯小麦大丰收，本来出口会大幅度上升，但是美国和西方国家对俄罗斯的制裁导致俄罗斯禁止向不友好国家出口粮食，而且出口的物流成本和关税上升，粮食出口价格大幅度上涨。而战争导致乌克兰葵花籽油、小麦等农产品出口锐减了20%以上。2023年如果战争延续甚至扩大，乌克兰的粮食生产将缩减50%，对全球粮食价格的不利影响将会持续。

乌克兰危机导致全球供应链受阻和重组，对国际贸易产生了不利影响。2022年10月，WTO将原先预测的2022年全球贸易增长率从4.7%下调至3%，并将2023年的预期增长率进一步下调至1%。由于战事延长，地缘政治风险担忧因素在全球供应链重组中的权重会继续增加，将进一步冲击效率优先的全球化格局。

美国fortunly.com网站公布了一项统计预测，截至2022年年底，欧盟为乌克兰危机付出的相关成本高达1750亿欧元。乌克兰危机导致全球物流成本大幅上升，全球干散货运费2022年上涨了60%。如果2023年战争延续，全球物流和贸易将继续面临压力，对经济持续产生不利影响。据该网站推算，到2023年年底，乌克兰危机预计将导致全球GDP损失1万亿美元。美联储曾发布报告指出，乌克兰战争导致 2022 年全球 GDP 下降了 1.5 个百分点，通货膨胀则上升了 1.3 个百分点。虽然上述研究的统计和量化模型的分析不一定准确，但是乌克兰危机将在 2023 年继续对世界经济产生负面影响是一个共识。

当然，全球经济仍具有韧性。企业层面和相关国家政府政策层面对地缘政治风险所做出的调整将产生缓冲作用。2023 年即便乌克兰危机持续，只要战争不向其他国家溢出，不会导致西方国家与俄罗斯直接开战，全球经济所受到的冲击将会比 2022 年有所减缓。能源价格将难以重新回到每桶 100 美元以上。乌克兰粮食会减产，但其他产粮大国将会增加生产和出口，联合国以及相关国家的协调将使俄罗斯和乌克兰能够继续出口粮食，加上联合国粮农组织增加了采购和对低收入缺粮国家的援助，粮食安全仍可得到保障。

全球物流也在持续回归正常，干散货价格指数因为全球贸易和经济不景气的预期也在回调。长期看，地缘政治冲突引发的供应链重组会持续，但是短期内恐慌的预期导致的供应链中断不会再重现。因此，世界经济 2023 年受乌克兰危机的不利影响尽管会持续，但可能会有所减缓。

（三）乌克兰危机与中美战略博弈①

当今世界正处于百年未有之大变局不断深化的关键时期。正如王毅指出：“百年变局以前所未有的烈度向纵深演化，动荡变革的转型期特征更加突出。”② 百年一遇的新冠疫情、千年

① 本部分作者系朱锋，南京大学国际关系学院执行院长。本部分内容见张蕴岭、朱锋、杨伯江《大国战略博弈与国际形势新趋向》，《亚太安全与海洋研究》2023 年第 1 期。

② 王毅：《矢志民族复兴，胸怀人类命运　奋进中国特色大国外交新征程》，《求是》2023 年第 1 期。

不遇的气候灾变，再加上乌克兰危机和美国对中国“变脸”，这些因素叠加在一起，其扩散性的政治经济冲击效应正在全球蔓延。

第二次世界大战结束到今天，全世界共发生22起能源危机、金融危机、货币危机等危机事件，世界也目睹了211次各种规模的军事冲突、内战与区域性战乱事件。但这些事件的发生，要么是地缘政治和地缘战略因素引起的，要么是经济金融动荡或者货币急剧贬值引起的。而当今世界进入动荡变革期，地缘政治和地缘战略因素、金融和汇率因素、新冠疫情和气候灾变这样的全球性问题因素叠加，这在人类历史上都是极为罕见的。国际货币基金组织总裁最近表示，2023年全球1/3的国家和地区将进入经济衰退状态。世界各主要经济体，美国、中国、欧盟和日本也将进入艰难的经济调整期和经济低速增长期。而乌克兰危机很可能长期化，目前看不到2023年俄罗斯与乌克兰将迅速启动政治谈判进程的可能性。中国不断致力于推动中美两国探求相互尊重、合作共赢的相处之道，但拜登政府从确保美国的霸权利益、霸权地位和美国长期养成的极端、自私与狭隘的霸权逻辑出发，几乎没有可能放松或者转变对中国的战略打压与遏制。

在这些因素的综合影响和冲击下，世界政治的历史性转型和变革性调整正在成为国际战略格局演变的新态势，大国关系正在出现走进“后—后冷战时代”的新变化。国际形势演变的新趋势、新特点可以总结如下。

1. 世界政治正在回归现实主义

世界政治的本质就是国家间永无休止的权力、利益与财富的竞争。1991年苏联解体、冷战结束，东西方之间的意识形态尖锐对立和地缘政治殊死较量随之瓦解，1947—1991年之间长达44年的冷战阵营对立和地缘经济分裂终结。后冷战时代，全球化席卷世界，成为主导国家间关系的基本要素。在全球化推动下，各国相互开放、国家间的联系日益密切，经贸关系和市场联系不断深化，主要国家之间安全领域的竞争和冲突相对弱化，传统意义上大国关系中挥之不去的地缘战略竞争和对抗走向缓和。乌克兰危机的爆发和美国对华实行的“竞争、冲突与合作”战略，正在将大国对抗（great power rivalry）重新带回到世界政治。世界政治的“现实主义回归”已经成为中短期内难以改变的结构性特点。

冷战结束后，俄罗斯不仅成为北约的对话伙伴，更成为欧洲国家最重要的油气资源进口来源。经济上的相互依存，开始成为欧俄关系的重要纽带。尽管冷战后30年间欧洲冲突不断，但主要是多民族国家离散聚合进程中的民族、宗教和遗留的历史恩怨所致，这些民族和宗教冲突并没有引发大国对抗。乌克兰基于同俄罗斯复杂的历史和民族纠葛，原本是在欧洲的东西方之间做出保持平衡性的选择，但2014年发生的“迈丹革命”和泽连斯基政府彻头彻尾的亲西方立场，完全打破了乌克兰本应具备的历史智慧和战略逻辑。2022年2月24日，俄罗斯对乌克兰采取特别军事行动，则从一开始就低估了乌克兰政府和民众的抵抗意志以及美欧全力支持乌克兰对抗俄罗斯的战略决心。

乌克兰危机爆发后，拜登政府和欧洲国家忌惮于俄罗斯的战略与战术核力量，选择并不直接出兵介入乌克兰危机而是通过全面制裁俄罗斯、逐步降低甚至全面停止进口俄罗斯油气，为乌克兰政府和军队源源不断地提供财政、武器、弹药、情报支持等方式，强化乌克兰政府、军队和民众对抗俄罗斯的战争决心和军事打击能力。

今天的乌克兰危机事实上已经陷入难以自拔的政治困局，美、俄和乌三方都无法从现有立场上后退。结果是，乌克兰危机不仅可能长期化，持续深化欧洲地缘战略版图上美欧与俄罗斯的彻底对立与对峙，更不能排除战事升级甚至出现动用战术核武器的可能性。与此同时，即便乌克兰危机结束，由于联合国大会已经通过了要求追究战争责任、拒绝乌克兰东部四州公投合法性、要求俄罗斯赔偿战争损失并支付战后重建费用等多项决议，“后乌克兰危机”时代的美、欧、俄的三方较量和角力仍将长期持续，三方长期处于地缘战略对峙的“后—后冷战时代”事实上已难以避免。

世界政治回归现实主义和大国冲突的趋势，同样在今天美国的对华政策中暴露无遗。2017 年 1 月特朗普政府上台后，美国一改冷战后长期坚持的对华“接触”政策，第一次将中国定义为位列俄罗斯之前的“最大战略竞争对手”，全方位打压中国成为特朗普政府外交和安全战略的重中之重。2017 年 12 月特朗普政府公布的《美国国防战略报告》中明确提到，“全面应对中国”已成为美国全球安全战略实施的重心。到 2020 年年末，中美关系下降到 1972 年 2 月尼克松总统访华以来的最低点。

拜登政府上台后，提出“重回世界领袖地位”的施政口号，回归“同盟外交”，呼吁实施“为美国中产阶级服务”的外交政策，旨在重回美国“自由国际主义”的外交传统。但在对华政策上，拜登政府依然延续了特朗普政府所采取的视中国为“最大战略对手”与威胁的强硬竞争和对抗战略，甚至变本加厉，所出台的旨在推动对华打压与遏制的政策更具战略性和长期性。拜登政府提出对华“战略竞争”，集中体现在军事、安全、意识形态、产业链重组与高科技等领域的全面对华制裁、遏制与脱钩行动，试图以打压中国来保证美国的对华战略竞争力，以重新拉开美国和中国的力量对比差距。美国今天的中国政策已经发生了重大变化，其政策话语体系与之前的对华接触政策相比已经发生了“质变”，打压中国已成为包括“印太战略”在内的美国全球安全战略的核心目标。

2. 单极霸权主导的国际体系的危害性与不合理性正在不断深化

在后冷战时代，美国曾强调美主导的单极体系是一个民主、开放、和平的“良性霸权”体系，这不仅是因为美国的自由民主的价值观与制度特色，更是因为美国的自由主义国际责任可以让美国推动全球化进程，各国之间不断上升的经济上的相互依赖有助于缓解安全困境、促进沟通与合作。美国的国际关系理论发展中，更是出现了“贸易和平论”的理论分支，强调全球化、相互依存以及国际投资和贸易的扩大有助于降低冲突、增加国家间的安全合作。今天，拜登政府对华所奉行的战略竞争政策，事实上重新把安全置于经济之上，把美国狭隘、偏执和自私的霸权利益置于人类的共同安全与发展之上。面对中国崛起，美国的战略焦虑和已经全面启动的对华战略打压，宣告了新自由主义国际关系理论的失败，也宣告了后冷战时代的结束和现实主义的历史性回归。正如艾利森所言，美中两国作为“守成大国”和“崛起大国”之间的关系，逃不脱“修昔底德陷阱”。相互依存时代的大国竞争，再度显示出了权力政治的老面孔。

第二次世界大战结束后，国际体系的变化是围绕美苏两个超级大国带来的意识形态对抗、地缘政治分裂和地缘战略的势力范围竞争而展开。而当前由于中国坚持“人类命运共同体”理念、坚决反对冷战分裂，美国强加给两国关系的新冷战暂时局限在科技领域。但在结构性争议、竞争和冲突的驱动下，世界政治事实上又重新走到了由大国对抗可能引发阵营对抗的严峻时刻。美国今天对中国的科技战、贸易战、经济战、媒体战、舆论战、网络战、信息战和意识形态战都在不断深化。即便美国正在发起的对华新冷战不同于美苏争霸，但从美国的国内政治和霸权护持的霸凌主义权力逻辑来看，新冷战同样将是一个不断自我强化、扩大和持续的过程。当前，美国对华发动的新冷战是从高科技产业链试图对华脱钩开始，强调要在高科技领域与中国脱钩。为了达到遏制中国科技创新和高精尖工业化发展进程，事实上在特朗普执政时期美国就开始全面限制正常的中美文化、社会、教育、媒体交流，全面盘查参与对华科技交流的华人学者，中美关系的各个层面都在被过度的“安全化”。美国的国内政治分裂和恶斗，则进一步加剧了美国政府、国会正在采取的对华强硬立场。2022 年 11 月美国国会中期选举前竞选造势活动中，68% 的共和党议员候选人都将批评和指责中国作为捞取政治资本的重要手段。共和党议员更是在涉华问题上大做文章，指责拜登的民主党政府对华“软弱”，无力应对所谓的“中国威胁”。多名共和党议员宣称，如果该党在中期选举中拿下众议院，他们将在各个领域推行强硬的对华政策，准备在一系列问题上与华对峙，包括网络安全、供应链安全、芬太尼问题、太空竞争、意识形态竞争、对华出口管制、台湾问题、亨特·拜登与中国的关系、TikTok（国际版抖音）数据安全问题等。美国今天的中国政策，事实上已经成为没有特朗普的“特朗普主义”政策。

3. 美对华“变脸”的溢出效应正在不断显现

美国作为世界第一的国家，其对中国“变脸”所产生的溢出效应到底会有多宽多远？作为今天国际权力体系中唯一的霸权国家，美国仍然是“老大”。“老大”对中国“变脸”了，其产生的溢出效应并非只会仅仅局限在“老大”。韩国作为中国的邻国和美国传统的盟国，在经济利益上不愿意跟中国脱钩，对华存在较强经济诉求和市场依赖，但在外交和战略安全上已经明显地倒向美国。虽然尹锡悦政府称将在美中之间保持“微妙平衡”的原有战略，但政治、外交、安全与高科技等战线上，韩国已经决心“跟着美国走”。

日本更是完全站到了美国一边。日美在地区安全事务中深度合作，在“印太战略”中“日美同谋”已成既定事实，台海、南海和东海的“三海联动”也因为日本防卫政策的突破性变化正在变得日益严峻。日本已经在中美战略博弈中完全展现出了对美“选边”和对美国的抗华战略主张“一边倒”的立场。日本的“专守防卫”战略已经崩溃。中日关系令人遗憾地出现了相邻大国之间因为权力再分配进程而难以避免的地缘政治对抗态势。未来，日本可能同意美国在日本领土部署针对中国的中程陆基导弹，并准备恢复日本成为美国第一舰队的锚地。美日联手强化“印太战略”和增强在印太地区的军事部署基本已成定局。

中美博弈引发的地区和全球战略关系效应，就是尽管很多国家不愿选边，但“选边”已经成了一个不可回避的事实。对中国来说，应对美国的打压，一定不能只把眼光放在美国身上，还要把更多的眼光放在中美关系和第三方等后续一系列国家，评估它们到底会做什么样的选择，并积极、务实和建设性地引导和塑造这些国家的对华关系。中美关系之外的“第三方因素”，将决定美国拼凑各种地缘政治和地缘经济的团团伙伙、以便孤立和集体打压中国的行动能否真正得逞。更重要的是，稳住“第三方因素”、共同推进“人类命运共同体”建设、致力于践行真正多边主义基础上的全球治理，是传递中国声音、讲好中国故事的关键。

4. 国际社会向往和平发展的历史潮流仍然不可阻挡

在全球化时代的推动下，国际化、信息化、社会化使各国民众间的交往日益频繁扩大。这种进程推动了各国人民之间的观念沟通，形成了价值依赖，也使彼此生产生活方式的相互认识和理解达到了前所未有的高度。绝大多数国家更愿意看到一个平稳可控的中美关系。

世界上绝大多数国家希望看到中国的发展和崛起，希望中国给世界带来更多的积极变化，中国智慧和中国方案正在成为推动人类共同进步、合作发展的重要力量。在21世纪的今天，世界已经前所未有的高度开放融合，大国竞争是不可否认的基本特征。但另外一个基本特征，就是绝大多数国家还是期待稳定和可管控的中美关系，以推动世界的可持续发展。今天这样的时代，世界对崛起的中国的依赖确实是在不断深化，中国如何进一步引领世界继续朝着稳定繁荣的方向发展，如何给世界及时、有效地提供公共产品，这是一个面对美国对中国长期战略打压需要深入思考的问题。一方面，美国今天国内政治与社会分裂导致的"内卷"态势，事实上进一步助长了美国国内的对华强硬政策，对此我们要坚定回击。另一方面，我们也需要警惕中国国内在严峻和复杂的国际形势下正在不断扩散的民粹主义情绪。降低和管控中美对抗，需要的是战略智慧、战略定力和战略眼光，并非情绪化的爱国热情。

当前的国际形势确实走到了何去何从的十字路口。中国崛起面临的国际战略局势的严峻与复杂是空前的。但危机中有转机、变局中可以开新局。国际形势正在日益深化的动荡变革期效应，既给中国开启第二个百年奋斗新征程之际带来了重大挑战与压力，也为中国塑造和引领国际局势的合理变化提供了动力与机遇。

二　欧洲形势与亚太形势

（一）乌克兰危机下亚太地区安全的特征与走势①

乌克兰危机爆发以来，国际格局加速调整，冲突产生的外溢效应在向全球蔓延，世界大变局与世纪大疫情交织叠加，影响国家间力量对比、竞争优势转化乃至国际秩序调整的因素更加复杂多元。乌克兰危机可谓冷战结束以来最大的地缘政治事件，根源是欧洲地缘政治矛盾的持续激化，但它的影响不止于欧洲。随着战争的长期化，现在影响已经持续外溢，扩大到了全球，让包括亚太地区在内的国际形势面临新一轮变局。在全球范围内，乌克兰危机导致了国际贸易的滞胀风险，导致了产业链格局动荡并面临调整重构的压力，加剧了粮食、能源供应的紧张，特别是使国际秩序治理体系以及大国合作的环境受到严重破坏。而这些在亚太地区都有突出的体现。

1. 近年来亚太地区的深刻变化

观察亚太地区形势，可以从时间线索、从历史纵向上进行

---

① 本部分作者系杨伯江，中国社会科学院日本研究所所长。本部分内容见张蕴岭、朱锋、杨伯江《大国战略博弈与国际形势新趋向》，《亚太安全与海洋研究》2023 年第 1 期。

分析。2008 年国际金融危机以来，亚太地区形势已经发生了一些根本性变化，孕育出了新的矛盾。近年来，亚太局势的主要变化有以下三点。

第一，地区结构快速变化。国际金融危机后，奥巴马政府两个任期的主打政策分别是"重返亚洲"和"亚太再平衡战略"。特朗普政府提出"印太战略"，再到拜登政府的盟友体系重组，强化"五眼联盟"，推动成立"芯片四方联盟"，深刻影响着亚太地区的安全秩序。近 20 年来，随着中国社会经济的快速发展和综合国力的提升，东亚地区产生了不平衡的两极化力量对比格局，同时出现了现实问题意识形态化、经济问题政治化安全化的趋向。这在各国的内外政策上都有明显的体现。

第二，国家互动模式转变。随着对冲、制衡的色彩不断加重，中美之间现实利益的冲突越来越凸显，包括在军事领域、经济领域、科技领域以及台湾问题上的角力，还有两国关于发展道路和意识形态的分歧，客观上使亚太地区国家越来越面临选边站队的战略压力。随着美国重新收紧同盟网络，其在亚太区域内的盟国被推上对华遏制的前沿。日本一方面强化同盟框架下的战略自主地位，提升在美国战略中的"可用性"，另一方面积极推动"价值观外交"，导致中日关系走向全方位碰撞，战略竞争性空前上升。

第三，亚太地区特别是东亚地区开始具有区域冲突的现实性，包括走向军事"硬冲突"的风险。区域冲突从过去的经济文化等"软冲突"，开始逐步走向军事摩擦"硬冲突"的风险加大，特别是台海面临着日益紧迫的局势。从"重返亚洲""亚太再平衡战略"，到"印太战略"，美国的地缘战略重点一直集中于海上亚太。在东北亚，朝鲜半岛陷入胶着、僵持局面的同时，美国及其区域内盟友围绕东海、台海、南海及至印度洋的战略操作异常活跃。

2. 乌克兰危机对亚太地区形势的冲击

亚太地区的矛盾分歧早已有之，不是乌克兰危机造成的。但是，这场危机确实激化了既有矛盾，甚至触发了一系列深层次问题，使地区形势更加复杂严峻。

第一，对产业链供应链稳定的影响。乌克兰危机最现实和直接的影响，是粮食、能源供应以及产业链供应链的稳定。过去几十年，亚太地区一直是经济全球化受益最大的地区之一，因而受到危机的冲击也最大，包括各国的经济社会、区域合作都不同程度地受到了影响。以日本为例，俄乌冲突不但帮助保守势力营造出支持增强军力的社会氛围，而且直接影响了经济增长环境。

第二，对各国战略心态的影响。亚太地区越来越多的国家的形势认知趋于保守、消极，安全自助意识增强。在乌克兰危机中，很多亚太中小国家产生了一种感同身受的心理。在它们来看，“万一将来本国在国家安全方面受到类似的冲击和威胁，不知道可以相信谁来帮助自己”。所以，在加强外交上纵横捭阖的同时，安全政策上的自主自强成为必然的趋势。

第三，对相关国家战略政策的影响。在严峻局势的驱使下，相关国家的战略决策做出了相应的调整，开始出现一系列前所未闻的迹象。美国亚太同盟体系与北约对接、实现“北约化”，以及反过来“北约亚太化”趋势都更加明显。

3. 亚太地区需关注三大趋势

作为大国博弈的重点区域，亚太地区面临一系列新课题、新挑战、新风险。中国需要从既定地区战略目标出发，经济上防止“平行化”趋势，安全上避免“两极化”倾向，努力推动地区秩序的平稳重构。

第一，阵营对抗的趋势加强。乌克兰危机爆发后，美国的战略重点并没有因此从亚太离开，而且今后也不会离开。美国是战后国际秩序、亚太地区秩序的主导者，但现在却越来越多地运用体制外、建制外的手法来实现自身的战略目标。美国在强化各个双边同盟的同时，组建多个排他性的组织，最新的就是建立"印太经济框架"，其本质是一个政治俱乐部，意在构建"小院高墙"。日本和韩国也在紧密追随。尽管决定日韩关系的是双重逻辑——不仅是国际战略层面的推动，还有日韩两国国内政治的决定性影响，日韩关系的改善不会一帆风顺，但经由美国的媒介作用，发展一定程度的实质性安全合作是可能的。尹锡悦政府更侧重从战略上、安全上来考虑"一带一路"与"印太战略"的关系。这就使地区安全在态势上更趋对立。

第二，军备竞赛的风险增加。早在乌克兰危机之前，亚太地区无论是军费支出还是武器采购的数量，都已经呈现出比较明显的增长态势。乌克兰危机进一步激发了有关国家的自主意识，在加强和美国的安全合作或同盟关系的同时，也加强了在防卫方面的自主努力。核武器更加不会被放弃，无核国家出现了拥核的思考甚至舆论。日本安全政策、防卫政策出现重大转变。

第三，围绕战后秩序观的对立被重新激活。从亚太地区现有格局来看，其主要是由三股力量构成的：一是美国同盟体系，二是上海合作组织，三是东盟，三者之间又存在着交叉重叠。战后亚太地区存在着现实世界及法理世界的对立。现实当中有冷战，而冷战是以法理层面秩序观的对立为基础的。也就是说，战后亚太秩序的法理基础，究竟是《开罗宣言》《波茨坦公告》，还是依据《旧金山和约》以及在其基础上建立起来的旧金山体制。

面对复杂严峻的亚太地区形势和空前的挑战，应从我们的地区战略目标出发，坚持中国特色大国外交和周边外交方针不动摇。一方面，应当在经济上防止形成平行化的两个市场、两个供应链体系，一个统一的市场、统一的供应链体系对我们来说是有利的，哪怕实现这个目标非常艰难、面临着重重障碍；另一方面，在安全上要防止两极化、避免阵营对抗，努力实现平稳的地区秩序重构，最终目标是建立各国平等参与的、体现各方诉求的、利益不可分割的政治安全秩序。我们应当将争取构建统一的泛地区安全架构作为长远目标。这样的地区安全架构，应该是包括全体成员的，不排他的、不敌视任何一方的。它所体现的理念是相互不可分割的安全，是相对的安全、可持续的安全。

（二）乌克兰危机对欧洲的影响①

2022 年 2 月，乌克兰危机的爆发，打破了欧洲的和平宁静与原有安全格局，全方位冲击了欧洲经济增长与社会稳定，对仍受新冠疫情影响的欧洲各国来说，可谓是雪上加霜。此外，总体持“挺乌反俄”态度的欧盟及其成员国与俄罗斯之间近乎空前绝后的制裁与反制裁拉锯，亦使欧洲陷入“杀敌一千、自损八百”的尴尬局面。以下拟从安全与政治、经济与社会以及对外关系三个视角，回顾分析最近一年且战尤酣的乌克兰危机对欧洲的影响。

1. 乌克兰危机对欧洲安全与政治的影响

第一，欧洲和平环境不再，安全问题上升为主要战略关注，增强防务成为政策优先。乌克兰危机不仅打破了欧洲的和平环境，令其安全局势严重恶化，深刻改变了欧洲的地缘政治格局，

① 本部分作者系丁纯，复旦大学欧洲问题研究中心主任、教授、欧盟让·莫内讲席教授，复旦大学“一带一路”及全球治理研究院副院长。本部分内容见杨洁勉、冯绍雷、徐明棋、丁纯、郑春荣、赵隆《俄乌冲突与国际局势：回顾与展望》，《俄罗斯研究》2023 年第 1 期。

极大地震撼了欧洲，成为"时代转折"，而且也使欧盟及其成员国的危机感大幅上升，坚定了其强化防务的决心，"安全"替代"发展"上升为主要的战略关注和政策优先。欧盟不但打破不向战争中国家提供武器的惯例，动用5亿欧元的"欧洲和平基金"对乌军援，还于2022年3月推出《安全与防务战略指南针》，决定建立快速反应部队，并要求成员国加强国防领域合作，提高研发能力。此外，欧洲各国纷纷增加军费，强化安全部署。德国第二次世界大战后首次对外援助致命性武器，并设立1000亿欧元的军事现代化基金，计划将今后年度军费占GDP之比提高到2%以上；意大利和波兰也分别提出将今后年度国防开支占GDP之比提升至2%和3%。[①] 欧盟原本引以为傲的全球化、规范性力量以及绿色可持续发展和数字化等一体化重点发展目标，显然将在较长时间内为军事硬实力、地缘政治和安全议题让路。[②]

第二，中东欧政治话语权上升，法德轴心急需重新磨合。在"挺乌反俄"俨然成为政治正确的背景下，"去俄化"基础深厚的中东欧国家在欧盟内部的话语权大幅上升。波兰、波罗的海三国等通过指责德、法在处理2014年克里米亚问题、《明斯克协议》和北溪管线等问题上对俄绥靖，并积极加强同美国和北约合作，"全面反俄"果断而坚决，一定程度掌控了话语主导权，欧洲政治"中东欧化"趋势明显。[③] 与此同时，由于在欧洲内部的领导力有所减弱，法德轴心自身尚待磨合。

---

① 《受俄乌冲突刺激　欧洲各国争相涨军费》，《青年参考》2023年2月9日，http://qnck.cyol.com/html/2022-04/01/nw.D110000qnck_20220401_1-01.htm。

② 丁纯：《俄乌冲突中的欧洲——反应、影响和前景》，《国际展望》2022年第3期。

③ 参见刘作奎主编《俄乌冲突对欧洲影响研究》，中国社会科学出版社2022年版。

第三，在凝聚意识加强的同时，欧洲内部分歧渐现，民粹主义掣肘不容忽视。历史上，应对外部危机和冲击一直是欧盟前行的动力，乌克兰危机使俄罗斯成为欧盟自冷战结束后又一个共同的外部敌手，极大地刺激了欧洲诸国，唇亡齿寒、感同身受和政治正确很大程度上淡化了内部矛盾，提升了欧洲一体化的向心力。① 截至 2023 年 2 月，欧盟共对俄罗斯进行了十轮制裁，制裁措施强度大、密度高，欧盟各国在制裁步调上呈现出协同一致的特征。然而，随着乌克兰危机的持续，欧洲各国在危机应对、纾困和经济复苏政策等方面的分歧逐渐显现，成为欧洲一体化的隐忧。例如德国 2000 亿欧元的纾困补贴基金招致意大利总理的批评。此外，乌克兰危机爆发后，欧洲经济、社会民生问题频现，致使民粹主义盛行，极端势力抬头。2022 年意大利右翼政党成功上台，法国右翼政党选举得票创下新高，德国、芬兰、瑞典以及西班牙等国的右翼政党等民粹势力也呈崛起势头，影响欧洲政坛和走向，引人注目。

2. 乌克兰危机对欧洲经济与社会的影响

第一，引发能源危机，加剧通货膨胀。欧洲历来对外能源依赖严重，尤其依赖俄罗斯的油气供给。乌克兰危机爆发后，俄欧围绕能源的制裁和反制裁不断加剧，来自俄罗斯的油气供给大幅下降，又逢欧洲 2022 年夏季遭遇酷暑，能源供需严重失衡，爆发了 20 世纪 70 年代以来最大的能源危机，致使欧洲能源和电力价格一路飙升，加上此前新冠疫情造成的供应链断裂、宽松货币政策等因素，欧洲通货膨胀持续高企，连创纪录。

① Ishaan Tharoor, "The war in Ukraine and a 'turning point in history'", *The Washington Post*, April 4, 2022, https://www.washingtonpost.com/world/2022/04/04/war-ukraine-turning-pointhistory/.

第二，冲击消费、投资、民生和经营活动，诱发欧盟企业外移。通胀居高不下，推高了民众和企业的生活和经营成本，严重冲击消费、投资、生活和生产，导致私人消费能力与可支配收入下降，企业减产和倒闭上升。此外，面临高昂的能源价格，企业难以负担超支的生产成本，纷纷向外迁移产业布局，加剧欧洲"去工业化"的担忧。

第三，经济复苏减缓，个别国家甚至出现衰退。乌克兰危机触发能源危机，也使欧洲经济再难维持2021年的强劲复苏势头。2022年7月，欧洲经济活动迎来收缩转折点，欧元区综合PMI指数为49.9，低于荣枯线50。[①] 截至2022年12月，欧元区的制造业产出连续7个月下降，服务业活动则连续5个月收缩。2022年第二至第四季度，欧盟和欧元区GDP环比和同比增速均逐季下降，欧盟GDP的环比增速由第二季度的0.7%下降为0，欧元区则由0.9%下降为0.1%。其中，德国和意大利2022年第四季度甚至出现小幅衰退，GDP环比增速分别为-0.2%和-0.1%。[②]

第四，竭力摆脱对俄罗斯的能源依赖，加速欧洲能源转型。为应对此番能源危机，摆脱对俄能源依赖，欧洲各国开源节流，领导人四处寻气，重新启用煤电厂，推迟关闭核电站，欧盟还发布了"REPowerEU"能源计划，加速能源转型。该计划提出，欧盟将于2027年前额外投资2100亿欧元，在节约能源、提高能源供应多样性、加速推广可再生能源的同时，进行设施改革与投资，实现化石能源"脱俄"，推动欧洲绿色能源转型，至2030年将其能源结构中可再生能源占比从原计划的

---

① "Euro Area Composite PMI", Trading Economics, January 1, 2023, https://tradingeconomics.com/euro-area/composite-pmi.

② 参见欧盟统计局数据，https://ec.europa.eu/eurostat/documents/2995521/15893627/2-01022023-AP-EN.pdf/eda196ce-0a4c-618e-4155-ef2f464fcc4e，2023年2月3日。

40%提高到45%。①

3. **乌克兰危机对欧洲对外关系的影响**

第一，欧俄关系破裂，陷入全方位相互制裁对抗。乌克兰危机的爆发，宣告了《明斯克协议》的终结、“诺曼底模式”的失效和法德领导人穿梭外交斡旋的失败。欧盟及其成员国指责俄罗斯以武力行动挑战了欧洲以“人权”“自由”“民主”为内核的安全秩序，欧盟内部反战情绪高亢、“援乌反俄”民意汹涌，成为政治正确。欧盟的外交政策也随之调整，将俄罗斯定义为头号敌人，截至2023年2月底已发起了十轮对俄制裁。欧盟还向其他国家施压，要求其他国家与欧盟一道谴责并制裁俄罗斯，并在联合国安全理事会等国际多边机构中排斥俄罗斯，欧俄关系降至历史最低点。

第二，欧美关系回暖，北约满血复活，欧盟战略自主受挫。俄乌冲突前，随着拜登入主白宫，美国政府一改特朗普时期对欧洲的强硬态度，积极向欧洲示好，强化与欧洲的盟友关系，欧美关系逐渐回暖。乌克兰危机爆发后，缺乏军事硬实力的欧盟及其成员国，主要依靠美国和北约。一年间，美国向乌克兰提供了大量的武器装备和财政援助。美欧关系持续升温。同时，乌克兰危机再次唤醒了“脑死亡”的北约。随着乌克兰危机的持续发展，欧洲对美国和北约的安全依赖度大大增加，一定程度上也阻碍了欧洲践行“战略自主”的主张。然而美国却“趁火打劫”，能源出口趁机牟利，军工产业大发战争财，并颁布《通胀削减法案》，加剧欧洲“去工业化”形势，越来越多的欧洲政治家意识到，美国的相关战略并不与欧洲的自身利益完全相符，欧盟仍需要寻求战略自主。

① 参见欧盟委员会数据，https://ec.europa.eu/commission/presscorner/detail/en/fs_22_1513，2023年2月8日。

第三，中欧关系再遭冲击，政冷经热凸显，但也孕育着新机遇。乌克兰危机爆发后，欧洲受自身理念、认知以及美国诱导的影响，对中国提出了强人所难的要求。不过，欧盟在新颁布的《安全与防务战略指南针》中仍然明确将中国定义为合作伙伴、经济上的竞争者和制度上的对手，并表示在符合欧盟利益的情况下，继续寻求与中国的对话和磋商。中国海关总署数据显示，2022 年前 11 个月，中欧贸易额达 7797 亿美元，中国与欧盟仍然是对方最主要的贸易伙伴，中欧关系呈现政冷经热的局面。同时，欧盟出于自身利益考量，在经贸合作、平衡欧美经贸关系、自身战略自主的维持、协调全球治理、解决俄乌冲突等问题上，也都需要与中方的协调和合作。2022 年德国总理朔尔茨、欧洲理事会主席米歇尔先后访华，法国总统马克龙于 2023 年访华，以期加强与中国的合作，反对脱钩的态度明显，这也给中欧合作带来了新机遇。

总体而言，迄今持续了一年多的乌克兰危机对欧洲的政治与安全、经济和社会以及外交等造成了巨大的影响，在动摇欧洲安全和政治稳定的同时，拖累了欧洲经济的复苏步伐，阻碍了欧洲一体化以及欧盟战略自主的推进。欧洲民众和领导人能否从自身根本利益出发，务实理性，审时度势，努力促和止战，重构俄欧和平相处的新欧安框架体系，对于欧洲的未来至关重要。

三　欧亚地区形势

自2022年2月24日俄罗斯发起“特别军事行动”以来，军事交锋持续进行，已呈现中长期化的发展趋势。乌克兰危机的爆发和局势的持续发展，给欧亚地区形势和全球格局带来重要影响。

（一）乌克兰危机对欧亚地区竞合范式的影响[①]

乌克兰危机的激化打破了此前欧亚地区大国竞争与合作之间的微弱平衡，地区竞争激变并占据主导地位，地区合作受到抑制，地区形势陷入动荡。战事推进是地区竞争的一部分，而谈判的过程也是在谋求合作，所以地区合作并未完全消失，且危机带来的多种问题也促使各国谋求合作。当战事结束后，欧亚地区合作将得到明显恢复，但地区竞争也仍将持续进行。从当前的发展趋势看，乌克兰危机已经使欧亚地区的竞合范式发生变化。

① 本部分作者系顾炜，上海社会科学院国际问题研究所副研究员。本部分内容见顾炜《乌克兰危机对地区竞合及欧亚秩序的影响》，《国际关系研究》2023年第2期。

1. 大国竞争转变为多层次代理人竞争

乌克兰危机激变至今，美欧等西方国家在军事上为乌克兰提供支援，在经济上对俄罗斯实施高压制裁，在政治和外交上孤立俄罗斯，但始终没有真正“下场”参战。俄乌在战场上形成僵持局面并延续至今，美国与欧洲国家的“团结”,① 都成为西方的重要收获。欧亚地区竞争的主体也由此发生了变化。此前，参与地区竞争的主体是美俄等大国，竞争的实质是俄罗斯与西方争夺乌克兰、白俄罗斯等中小国家。乌克兰危机将欧亚地区的大国竞争转变为多层次代理人竞争。

第一层次是俄乌竞争，处在斗争前沿的乌克兰成为美欧等西方国家与俄罗斯较量的“代理人”。此前，美欧多国就曾向乌克兰输送武器、提供军事援助。2022 年军事斗争开始后，2 月 26 日美国宣布向乌克兰提供价值 3.5 亿美元的军事援助。德国也改变立场，向乌克兰提供了地对空导弹、反坦克武器等军事装备。2 月 27 日欧盟宣布向乌克兰提供 4.5 亿欧元的军事支持。此后的 3 月至 5 月间，美欧向乌克兰分批次提供了总计数 10 亿美元的军事援助。在外部提供的武器支持下，乌克兰不仅没有很快被击败，甚至超出西方的预判并显示出一定的“战斗力”和“持久力”。乌克兰虽然付出了巨大代价，但是在战场上实现了与俄罗斯的僵持。所以，乌克兰被西方视作对俄斗争的第一层代理人。

第二层次是俄欧竞争，空前“团结”的欧洲成为美国在欧亚地区与俄罗斯斗争的“代理人”。此前，一些欧洲国家不愿意

---

① ［俄］安·科尔图诺夫：《乌克兰危机与“西方的团结”》，《俄罗斯东欧中亚研究》2022 年第 4 期；Peter Ricketts，“Western Unity on Ukraine is Impressive，but There is One Missing Ingredient”，https://www.prospectmagazine.co.uk/world/western-unity-on-ukraine-is-impressive-but-there-is-one-missing-ingredient-nato-g7-brussels-summits。

与俄罗斯直接冲突，努力避免矛盾激化，俄罗斯与德国等欧洲国家的能源合作也在缓和俄欧关系上发挥了积极作用。这使美国需要在众多合作者中选择对俄罗斯更强硬的国家加以支持（如美国2020年将驻德国的部分美军撤出并部署到对俄罗斯更为强硬的波兰）。乌克兰危机激化后，欧洲的团结性明显提升，欧盟的集体行动效率也得到大幅提高，德国、法国等欧洲主要大国的对俄立场也更加坚定。德国于2022年2月27日宣布大幅增加国防开支，批准1000亿欧元的专项资金，并从2024年起将每年的国防开支占德国国内生产总值的比重提升到2%以上。[①] 丹麦、瑞典、波兰等国也都相继启动了提升军费的国内法律程序。由此，一个更加“团结”且能力得到提升的欧盟，被美国作为其与俄罗斯竞争的第二层代理人。

由此，乌克兰危机改变了欧亚地区的大国竞争范式。美国乐见冲突的持续进行，因为美国在欧亚地区竞争中的投入可以间接进行，通过支持乌克兰和支持更加“团结”的欧盟，就可以继续与俄罗斯竞争，而不需要直接参与。这些间接竞争的手段，可以增强美国参与欧亚地区竞争的效果，并节约成本、提高效率。欧亚地区的多层次代理人竞争使美国可以相对减少投入，腾出手来继续实行全球战略重心的转移。2022年5月中下旬，拜登开启其任内首次亚洲之行，不仅显示其加深与亚洲盟友团结合作的意图，也从一个侧面显示出乌克兰危机和欧洲安全局势对美国注意力的牵制有所减弱。

2. 制度竞争受限与伙伴竞争增强并存

近年来，大国在欧亚地区的竞争经常借助地区制度开展，以争取更多的地区伙伴。在新冠疫情引发的公共卫生危机中，

---

① 《德国大幅增加国防预算，可能引起连锁反应》，新华网，2022年3月14日，http://www.news.cn/mil/2022-03/14/c_1211607131.htm。

地区制度在危机应对方面难以发挥积极效用，各国通常采取自助或彼此互助的方式，很少依靠地区制度应对疫情。所以，地区制度的表现并不符合各国期待，对其吸引力已经构成负面影响。欧安组织、欧盟、集体安全条约组织、上合组织等地区制度和地区组织，虽然在纳卡地区冲突、哈萨克斯坦骚乱等地区危机中发挥了一定的稳定局势的作用，但具有更大影响力的仍然是主要大国。乌克兰局势紧张之时，欧安组织和“诺曼底模式”等地区制度虽然参与调解危机，但未能阻止危机激化和冲突爆发，也未能在停止交火方面发挥积极影响。所以，地区制度的功能有限，影响力继续受到削弱。地区制度对各国的吸引力将因战事的影响而有所下降。

全球性国际制度也未能发挥避免冲突爆发或制止战火的作用。2022 年 1 月 31 日，联合国安理会曾召开会议讨论俄乌局势，但美俄双方相互指责，未能形成任何共识。战火燃起后的 2 月 27 日，安理会通过涉乌问题决议。3 月 2 日，联合国大会第 11 届紧急特别会议以 141 个国家的多数赞成票通过决议，要求俄罗斯撤军，但仍未起到积极效果。古特雷斯秘书长直到战火燃起两个月后的 4 月 26 日至 27 日，才分别访问俄罗斯和乌克兰，为停战进行斡旋，但也未能取得任何有效进展。其他各类全球性国际制度，如世界卫生组织、世界粮食计划署、国际原子能机构等，在各自的专业领域采取措施努力降低冲突的负面影响，虽然具有一定的“止损”功能，但很难真正左右局势。所以，各国对国际制度的不信任，随着战事的爆发和持续而加深，也将由此削弱国际制度的影响力。

无论战争的最终结局为何，欧亚地区的各类制度将出现影响力的明显分化。

第一类是俄罗斯主导的地区制度，其发展将受到明显制约。无论最终胜负如何，迄今持续一年以上的军事行动已经对俄罗斯造成了削弱，加上需要分出精力应对美欧的严厉制裁，俄罗斯参与国际制度的能力受到明显影响。且俄罗斯主导建立的各类地区制度，如欧亚经济联盟、集体安全条约组织、独联体等，无法获得俄罗斯的更多实际支持，其吸引力将出现下降的趋势，发展也将受到明显限制。2022 年 4 月举行的“俄罗斯 + 中亚”第五次外长会议并未讨论俄乌局势。5 月 16 日，原定于亚美尼亚召开的集体安全条约组织峰会转至莫斯科举行，通过商谈和签署联合声明，俄罗斯稳定了地区合作的“基本盘”，但未能取得各国对俄罗斯的明确支持，参会的中小国家显然有意回避了乌克兰问题。11 月举行的集安组织峰会上，因俄罗斯在纳卡问题上投入不多，峰会东道主亚美尼亚曾拒绝签署联合声明。2023 年 1 月，亚美尼亚不愿意主办集安组织联合军演。这些动向显示出相关地区制度的凝聚力已经受到负面影响。整体评估来看，参与这些地区制度的国家，即便没有退出，其积极性也会有所下降，并且已经开始明显担心受到西方制裁的波及。① 所以，相关国家会转而更为信赖和积极参与其他类型的地区制度。

第二类是俄罗斯参与、但不是俄罗斯单独主导的地区制度，将会有所发展。当俄罗斯不能提供更多的公共产品时，地区中小国家会更倾向于大国共同领导和参与的地区制度。一方面，其他的领导型大国可以提供相应的公共产品，满足地区合作的发展需要，避免出现收益“短缺”的问题；另一方面，俄罗斯仍然在这类地区制度中发挥重要影响，有助于各国保持对俄合作的水平。上海合作组织、亚信会议等都属于这类地区制度，将被各国寄予更多的期待。2022 年 9 月的上合组织峰会启动接收白俄罗斯为成员国的程序，10 月的亚信峰会宣布启动亚信会议转型为地区性国际组织的进程，这些进展体现了地区国家对大国共同参与的地区制度的重视。如果其他领导型大国能够自

① Казахстан не присоединится к санкциям против России，заявил глава МИД，https://ria.ru/20220407/sanktsii-1782369042.html.

我克制，实现与俄罗斯的共同协作，而不是借机无限制扩大自身影响，通过有效管控制度内竞争，① 将推动这类地区制度的发展。

第三类是没有俄罗斯参与的地区制度，会获得一定的发展机会。例如，中亚次地区的五国领导人峰会、中亚国家与域外国家组成的各类"C5 +1"机制等，中小国家会重视这类制度在开展地区合作中的重要作用。其他大国行为体单独主导的地区制度框架，如中国的"一带一路"倡议、欧盟的欧亚互联互通战略等，也会受到各国的重视，并提高参与积极性。考虑到避免刺激俄罗斯、防止制度竞争激化矛盾从而引发地区局势的更不稳定，中国等部分国家在推动地区制度的发展上，会更多专注于制度合作，加强制度建设。但美国等西方国家仍会坚持制度竞争的思路，美国在 2022 年 3 月初与中亚国家举行的外长视频会议上，甚至提出军事重返中亚地区，意在加强美国在欧亚地区的制度性存在。

在地区制度分化发展的基础上，地区制度之间的竞争会有所减弱，因为乌克兰危机已经打破了地区竞争的基本规则。俄罗斯没有利用欧亚经济联盟等地区制度开展竞争，而是直接采取军事手段处理俄乌双边关系的问题，与西方争夺地区伙伴。所以，更加激烈的伙伴竞争不再借助制度竞争为主要手段，而是关注军事手段和武力效果。尽管欧盟部分领导人提出了乌克兰火速入盟的问题，且乌克兰、摩尔多瓦两国也已经成为欧盟的候选国，但真正加入欧盟的道路仍然漫长，大部分欧洲国家

---

① 如果制度内竞争加剧，出现俄罗斯被"斗争"的情况，俄罗斯可能会退出这类地区制度。2022 年 3 月到 4 月期间，俄罗斯相继启动退出欧洲委员会的程序，宣布退出联合国人权理事会和联合国世界旅游组织。尽管这些决定是俄罗斯出于斗争需要做出的决策，但由此可以推断，如果地区组织内部出现斗争情境，俄罗斯也有可能采取类似做法，退出地区制度。

对此都相当谨慎。军事较量引发的多重危机已经促使各国思考制度竞争激化带来的诸多问题。北约虽然启动了芬兰和瑞典的加入程序，但这一扩大仍然是在欧洲地区；北约虽然在军事上对乌克兰给予支持，但其在欧亚地区拓展成员国的进程将因乌克兰危机受到明显限制。考虑到严峻的地区形势，虽然大国加强了伙伴竞争，但地区中小国家将更倾向于独立自主地发展对外关系，对双边合作的重视将明显提升。

3. 双边与泛地区将成为主要合作方式

军事行动开始后，以地区制度为载体的合作受到了明显抑制，各国更多以双边方式推动关系的发展。俄乌谈判本身也是推动双边合作的方式，但双边谈判容易“自说自话”，各方只注重表达己方观点和立场，难以达成共识。且在已经开始军事斗争的情况下，战场表现与谈判进程形成互动，相互影响。在战场焦灼的情况下，俄乌双方在一个多月的时间里进行了多轮谈判，两国外长也曾举行直接会谈，但始终未能取得积极进展。2022 年 4 月以来，战场僵持的同时，谈判也一直处于停滞状态。

在地区制度竞争受到抑制的同时，以地区制度为平台的合作也需要一定的时间来恢复。所以，欧亚地区各国更多倾向于效率较高的双边形式来取得合作实效。特别是地区中小国家，更愿意采取双边方式发展对外关系，在避免刺激俄罗斯的同时获得具体利益。2022 年 5 月，在转至莫斯科举行的集安组织峰会上，普京与中亚三个国家的领导人分别举行双边会晤，稳定双边合作和地区形势。土库曼斯坦新总统 6 月 10 日对俄罗斯进行了首次正式访问，推动土俄双边合作。6 月底，普京访问塔吉克斯坦和土库曼斯坦。普京也与阿塞拜疆总统多次通话推动双边关系发展。

与此同时，大框架下的泛地区合作会受到各国的更多认可。一方面，泛地区合作可以提供恢复经济发展的平台和交流机制，使各国能够普遍参与其中，不至于凸显某个国家的外交倾向性，避免再次加剧地区竞争。另一方面，泛地区合作大多会包含各主要大国，有利于地区国家吸引更多的资源，利用各种渠道和平台谋求发展。在2022年5月26日举行的欧亚经济联盟首届欧亚经济论坛上，普京呼吁共同落实大欧亚伙伴关系的建设。这显示了俄罗斯在各国犹疑的背景下转而推动泛地区合作的思路。但泛地区合作规模庞大，效果通常较为有限，更多是立场姿态的宣示。所以，各国将在泛地区合作中努力寻找双边合作的机会，为本国的发展寻找外部支持。

（二）大国竞合的变化对欧亚地区秩序的影响①

俄罗斯与乌克兰都是欧亚地区的重要国家，此次乌克兰危机呈现战事规模大、持续时间久、冲击效应强等特点，给全球整体和欧亚地区带来重大影响。大国竞合范式的变化也从多个方面影响欧亚地区秩序。

1. 经济恢复和持续发展受到明显制约

欧亚地区深处内陆腹地，各国经济发展原本就受到地理因素的制约，乌兹别克斯坦是双内陆国，需要借助其他国家才能到达海港，实现对外的互联互通。还有一些国家在苏联时期积累了产业结构单一等问题，虽然经过独立后30余年的发展，也仍然在不同程度上存在经济基础薄弱、发展依靠单一资源等问题。新冠疫情作为真正的全球现象，在不同地区以不同方式引

---

① 本部分作者系顾炜，上海社会科学院国际问题研究所副研究员。本部分内容见顾炜《乌克兰危机对地区竞合及欧亚秩序的影响》，《国际关系研究》2023年第2期。

发震动，结果之一是造成全球南方和全球北方之间的不对称性越来越大。[①] 作为全球南方的欧亚地区各国，不同程度地遇到困难，加剧了与其他地区的发展差距，亟须恢复经济和推动社会发展。2020 年出现的各种地区危机，与经济遇到困难和社会不稳定都存在关联。

2022 年乌克兰危机的恶化和战事的持续又加剧了各种困境。作为欧亚地区重要粮食生产国的乌克兰忙于应对战争，粮食生产的稳定性难以完全保证，产品的对外运输也遇到问题。地区内部的亚美尼亚、格鲁吉亚等国需要从俄乌两国进口小麦等农产品，战事加剧相关国家的粮食供给困境。欧亚地区部分依靠能源出口的国家，虽然在战争引发的油价高涨情况下可以获得短期利益，但整个地区局势的不稳定对能源出口、通道安全都会产生持续的负面影响，长远看不利于地区国家的产业结构优化和经济转型升级。

美欧史无前例的严厉制裁，也将进一步打击俄罗斯原本就在低位徘徊的经济。2014 年乌克兰危机后，俄罗斯经济一直未见明显起色。2022 年乌克兰危机进一步加剧困境。从横向比较和纵向比较看，不进则退的俄罗斯仍然面临较为明显的经济压力。更重要的是这将牵扯俄罗斯的精力，使其无法对周边国家特别是欧亚经济联盟内的国家提供经济和资源支持。俄罗斯是亚美尼亚、白俄罗斯等国产品的主要进口国，经济下行将抑制俄罗斯的进口能力，从而也会对这些国家的经济产生连带影响。吉尔吉斯斯坦、塔吉克斯坦等国的经济在很大程度上依靠在俄罗斯工作的劳务移民，俄罗斯的经济困境也将影响劳务移民的收入，对这些小国的经济也将产生不利影响。

---

① Rosa Balfour, Lizza Bomassi and Marta Martinelli, "Coronavirus and the Widening Global North-South Gap", https://carnegieendowment. org/files/Balfour_etall_Southern_Mirror_Final. pdf.

在战争阴云的笼罩下，地区竞争成为核心议题，地区合作受到抑制，本就不利于经济恢复和发展。伙伴竞争增强意味着大国有意加强对中小国家伙伴的争夺，但乌克兰危机导致各国在发展对外关系时更加小心谨慎，这必然会对经济活动尤其是私营企业的活跃度、参与度和投资信心造成负面影响。多层次代理人竞争的出现，意味着美国等主要大国对欧亚地区的关注度将有所降低，这不利于欧亚地区吸引外部资源。地区安全形势的激烈恶化和持续的不稳定，将使主要的发达经济体对投资欧亚地区存有疑虑，欧亚地区将更多被视作“过境”地区。双边合作的增加，固然可以对部分国家起到直接的“输血”作用，但很难产生规模效应；泛地区合作又时常面临集体行动的困境，很难将合作意向转化为实在的合作成果。这些因素都将对整个地区的经济恢复和社会发展构成显著制约。

2. **地区的碎片化和多向化继续发展**

乌克兰危机继续加剧欧亚地区的碎片化，其动力主要来源于两个因素。其一是俄罗斯实力和权威的下降。主动“开战”损失的人心、战场上并不完全符合预期的表现、美欧的严厉制裁等因素，都在明显削弱俄罗斯的国家实力和影响力。俄罗斯受到制裁或主动退出部分国际组织，使对外贸易受到限制，结算周期延长，这都会令其丧失引领地区合作的效能，进而削弱领导力。其二是各国为谋求发展将寻求与更多的国家开展合作。部分国家出于对西方连带制裁的忌惮将减少与俄罗斯的合作，部分国家可能在保持与俄罗斯原有关系水平的同时拓展与其他国家的合作。由于各国对外关系的发展基础不同，加上地理便捷性的影响，位于不同次地区的国家会进一步向外拓展合作对象。

欧亚地区的碎片化在各国围绕乌克兰局势的立场和反应中

表现明显。“静音模式”或许可以帮助欧亚国家避免卷入争论，[①] 使各国可以在沉默中观望。但在联合国等多边场合，各国代表却需要表达对乌克兰议题的立场，投票行为也能够反映各国的基本态度。2022 年 3 月 2 日、3 月 24 日和 4 月 7 日，联合国大会分别举行了三次关键性投票，相关决议草案均得以通过。

三次投票中，乌克兰、摩尔多瓦和格鲁吉亚都坚定地投出了赞成票，这一结果并不出乎意料。格鲁吉亚作为 2008 年与俄罗斯发生军事冲突的当事方，明确支持乌克兰的领土完整，拒绝承认顿涅茨克和卢甘斯克两个人民共和国为独立国家。[②] 摩尔多瓦作为乌克兰的邻国，危机激化后宣布进入紧急状态，接收了数十万乌克兰难民。为难民提供食物、医疗等人道主义援助，使摩尔多瓦面临较大的经济压力。且这三个国家一直与俄罗斯离心倾向较强，境内都有受到俄罗斯支持的试图分离的地区。所以，三国都对俄罗斯怀有忌惮心理，共同反对俄罗斯。

作为俄罗斯最紧密的盟友和俄白联盟的成员，白俄罗斯总统卢卡申科在军事行动开始当天表示白俄罗斯军队没有以任何方式参与俄罗斯在顿巴斯的特别行动。[③] 但是这种表态并未阻止美欧等西方国家将白俄罗斯与俄罗斯深度绑定，白俄罗斯遭到了西方国家的连带制裁，涉及多个重点行业和重要官员。这种连带制裁又将白俄罗斯推向俄罗斯一方，白俄罗斯多次

---

① Куанышбек Кари, В “ беззвучном режиме”. Какова позиция стран Центральной Азии впротивостоянии России и Украины? https://rus. azattyq. org/a/31705907. html.

② Какие страны поддержали признание Россией ДНР и ЛНР, https://rtvi. com/news/kakie-strany-pod-derzhali-priznanie-rossiey-dnr-i-lnr-/.

③ Лукашенко: белорусские войска не принимают никакого участия в российской спецоперации вДонбассе, https://www. belta. by/president/view/lukashenko-belorusskie-vojska-ne-prinimajut-nikakogo-uchastija-v-rossijskoj-spetsoperatsii-v-donbasse-486648-2022/.

投出反对票，成为与俄罗斯保持一致程度最高的欧亚地区国家。

除上述5个国家外，阿塞拜疆和土库曼斯坦两国一直避免明确表态，缺席投票的方式显示了它们的矛盾心理。亚美尼亚和其他4个中亚国家相对中立。但各国的立场仍然存在细微差别，并且与它们同俄罗斯的双边关系存在关联。前两次都投出弃权票的亚美尼亚、哈萨克斯坦、吉尔吉斯斯坦和塔吉克斯坦4国，基本上是欧亚经济联盟或集体安全条约组织的成员国，与俄罗斯的关系较为密切，既害怕被卷入冲突，也不希望直接得罪俄罗斯，同时与乌克兰也存在历史与现实的友好关系，所以它们很难明确站队任何一方。中亚地区实力较强的乌兹别克斯坦，强调采取平衡、中立的立场，因为乌兹别克斯坦传统上与俄罗斯和乌克兰都有着密切的友好关系。① 乌兹别克斯坦的立场与其身份相符，因为它只是欧亚经济联盟的观察员国，而不是正式成员，也不是集安组织的成员国。

但在2022年4月7日的投票中，哈、吉、塔、乌4个中亚国家又与俄罗斯站在一起，投出了反对票。出现这种变化的原因在于，人权理事会成员资格的暂停，不仅将继续削弱俄罗斯在国际社会的影响力、限制俄罗斯在国际组织中的活动能力，而且对联合国及其人权事业本身也会产生负面影响。且中亚国家在人权等问题上与俄罗斯一样，时常受到西方指责。所以各国在投票时都更加慎重，从维护本国利益出发投票。由这三次投票可以看到，欧亚地区在碎片化的同时，出现了一个基本多数的“中间地带”，在乌克兰危机中采取中立立场。

---

① “Spokesperson for the President Clarifies Uzbekistan’s Positionon Russian-Ukrainian Conflict”, https://kun. uz/en/news/2022/02/26/spokesperson-for-the-president-clarifies-uzbekistans-position-on-russian-ukrainian-conflict.

在碎片化的同时，欧亚地区各国继续寻求多元合作，多向化发展也进一步推动地区的碎片化。中亚国家与印度、中国、伊朗等国的合作将有所增强，也会进一步与美国、日本、韩国等发展“C5 +1”合作。2022 年 3 月底，哈萨克斯坦总统办公厅第一副主任蒂姆尔·苏莱曼诺夫等代表对欧盟进行了工作访问。4 月 11 日，美国副国务卿乌兹拉·泽雅对哈萨克斯坦和吉尔吉斯斯坦进行访问。5 月下旬，美国助理国务卿唐纳德·卢率团访问了哈、吉、塔、乌四个中亚国家。9 月，中亚五国与美国在联合国大会框架下召开了“C5 +1”外交部长会议，支持启动虚拟秘书处的工作。外高加索地区各国与欧洲国家和土耳其、伊朗等中东国家加强合作。6 月底，里海沿岸国家首脑峰会举行。12 月，土库曼斯坦、土耳其和阿塞拜疆三国在土库曼斯坦举行了首届元首峰会，旨在加强三方合作。欧亚地区内的东欧部分需要相当长的时间消化乌克兰危机激化带来的经济凋敝、难民、战后重建和社会稳定等问题，其内部分化同样明显，俄罗斯与白俄罗斯继续保持联盟关系，乌克兰和摩尔多瓦更为接近。此外，2022 年 3 月 3 日，格鲁吉亚、摩尔多瓦和乌克兰三国共同提出了加入欧盟的申请。3 月 7 日，欧盟表示开始考虑三国的入盟申请。6 月，乌、摩两国获得欧盟候选国地位。尽管加入欧盟的过程烦琐而漫长，但欧亚国家的主动要求和欧盟的及时呼应，都将有助于推动合作进程。这些动向显示了各国多向化发展对外合作的思路，各个次地区的发展主题将进一步出现差别，整个欧亚地区的碎片化趋势将继续增强。在欧亚地区秩序中，“分”的进程将明显抬升，“合”的进程受到抑制，特别是以俄罗斯为核心的整合将面临严峻挑战。

3. 欧亚地区的全球地位并未发生变化

从宏观视野及横向比较上看，欧亚地区的全球地位在近十年间经历了先升后降的发展过程，乌克兰危机并没有改变欧亚地区在全球中的地位及其变动趋势。

从全球视野看，2010 年后，美国战略重心的东移促使中国加强了在欧亚地区的参与；中国提出"一带一路"倡议，加强与欧亚地区国家的合作；俄罗斯推动欧亚经济联盟的建立和发展，与美国和欧盟加紧争夺地区合作伙伴。这些变化都显示出主要大国提升了对欧亚地区的重视程度。欧亚地区的全球地位在 21 世纪第二个十年的上半段呈现明显上升趋势。美国参与欧亚地区竞争，既可以遏制俄罗斯，也可以围堵中国，大国将关注点聚焦在欧亚地区。

然而，欧亚地区竞争以 2014 年乌克兰危机作为分水岭。美欧与俄罗斯相互制裁与反制裁，关系跌入低谷，乌克兰东部问题陷入僵持，俄罗斯的国力也低位徘徊。美国期冀的中俄在欧亚地区的激烈竞争并未上演，反而是中国的继续快速发展和中俄在欧亚地区的战略协作。由于俄罗斯不再是美国最重要的竞争对手，欧亚地区竞争无助于维护美国的全球地位，所以，美国继续战略东移，抛出"印太战略"，加紧在印度洋地区和太平洋地区遏制中国。由此，大国全球竞合的焦点转向亚太地区和印度洋地区，欧亚地区的地位和作用有所降低。

2022 年激化的乌克兰危机，虽然一度将全球目光聚焦于欧亚地区，但随着战场的胶着和战事的中长期化，大国竞争的范式转变为多层次代理人竞争，欧亚地区的全球地位并未获得明显提升。美国总统拜登 2022 年 5 月开启任内首次亚洲之行，在日本宣布正式启动"印太经济框架"，举行美日印澳"四国机制"峰会，密切与亚洲盟友的关系。7 月，拜登在任内首次访问中东，稳定中东形势，推动中东战略服务于其全球战略。在美国的影响下，德国、法国、欧盟也都推出了各自的印太战略,[①] 欧盟和主要欧洲国家并未因乌克兰危机而减缓推进印太战略。2022 年 2 月，在法国巴黎举行了首届欧盟—印太论坛，欧盟国家加强对印太地区事务的参与。时任英国首相约翰逊 4 月访问印度，两国签署防务合作协议。6 月，欧洲议会通过《关于欧盟和印太安全挑战的报告》。这些都显示了乌克兰危机并未改变美欧等西方国家的战略重心，欧亚地区的全球地位并未发生变化。

整体上看，在百年未有之大变局加速演进的宏观影响下，俄罗斯国力的弱势使其吸引力存在不足，且在其他大国行为体的竞争下，俄罗斯维护地区影响力的手段较为单一、效果也比较有限。这导致整个欧亚地区的碎片化趋势和地区全球地位的下降趋势在 21 世纪第二个十年间仍旧继续发展。大国在欧亚地区的竞争与合作围绕地区领导权、地区的整合与分化以及地区的全球地位等问题展开，在各种危机不断爆发和加剧的背景下，打破了地区竞争与地区合作的微弱平衡，引发乌克兰危机，并影响欧亚地区秩序的前景。

（三）世纪变局背景下的中亚地缘政治形势[②]

世纪疫情、阿富汗变局、哈萨克斯坦“一月事件”、乌克兰

① GermanFederal Forcign Office, “‘Germany-Europe-Asia: Shapingthe 21st Century Together’: The German Government Adopts Policy Guidelinesonthe Indo-Pacific Region”, https://www. auswaertiges-amt. de/en/aus-senpolitik/regionaleschwerpunkte/asien/german-government-policy-guidelines-indo-pacific/2380510; The European Council, “Indo-Pacific: Council Adopts Conclusionson EU Strategy for Cooperation”, https://www. consilium. europa. eu/en/press/press-releases/2021/04/19/indo-pacific-council-adopts-conclusions-on-eu-strategy-for-cooperation/; French Ministry for Europe and Foreign Affairs, “France's Indo-Pacific Strategy”, https://www. diplomatie. gouv. fr/IMG/pdf/en_dcp_a4_indopacifique_022022_v1-4_web_cle878143. pdf.

② 本部分作者系苏畅，中国社会科学院俄罗斯东欧中亚研究所研究员。本部分内容见苏畅《从“边缘地带”到“枢纽地带”：中亚稳定的地缘政治视角分析》，《俄罗斯东欧中亚研究》2023 年第 3 期。

危机对中亚稳定具有明显影响。其中，2021 年阿富汗变局对中亚安全构成突出的外部挑战，乌克兰危机对中亚整个地区的影响是全方位的。这些重大事件对中亚稳定的冲击直接而强烈，与中亚域内及其国内问题混合在一起更加复杂。中亚地缘政治形势呈现出明显的“中间地带”特征，中亚国家面临着前所未有的压力，其不稳定性增强：从总体基本稳定趋向不稳定因素增多；由未发生重大安全事件趋向“传统安全 + 非传统安全”事件多发且后果严重；复合安全困境非常突出，其原因更加多元。

1. 拜登政府加强经略中亚

对于美国来说，从启动阿富汗撤军到乌克兰危机爆发，中亚的地缘战略作用迅速上升。美国加强对中亚的经略，对中亚各国施压、拉拢，煽动中亚国家社会情绪，中亚地区的地缘政治对抗明显。

2020 年 2 月，美发布《美国中亚战略（2019—2025）：促进主权和经济繁荣》。同特朗普政府相比，拜登政府的中亚政策有继承也有调整：继续削弱中俄在中亚影响力这一核心目标，同时调整与中亚合作力度，加强经济、人权领域合作。在此框架下，美国继续支持和加强中亚各国主权和独立；扩大和维持对阿富汗稳定的支持，鼓励中亚国家与阿富汗互联互通；推进法治和人权改革。同时，拜登政府以“C5 + 1”机制为加强与中亚国家合作的主要平台，并将其定义为“保护公民安全、共建共享繁荣、增强外交联系的重要行动平台”。拜登改变美外交政策不注重意识形态扩张的特征，重新将其意识形态注入外交政策中，将中亚列入围堵中俄的前沿阵地，制衡“一带一路”倡议。

乌克兰危机爆发以来，美国加强在中亚的“民主改造”举措：增加支持资金、设置重点国家与重点目标人群，充分利用非政府组织、媒体等工具，推动中亚国家精英和民众亲美反俄。2022 年 5 月，美国国会批准了美国国务院 2023 年预算案，计划出资 3 亿美元用于在中亚等地区国家的“民主改造”，其中 2100 万美元用于支持西方媒体在中亚国家的反俄和反华宣传。

2022 年美国高官频访中亚，包括负责中亚事务的助理国务卿唐纳德·卢，建议重启“中亚媒体计划”。乌兹别克斯坦学者称，在中亚国家中，哈萨克斯坦和乌兹别克斯坦得到美国高度重视。① 2022 年，乌兹别克斯坦政府同意西方非政府组织再次在该国设立代表处，包括索罗斯基金会、艾伯特基金会等。②

美国在中亚国家的举措目标明确、引导社会热点、炮制“恐俄论”“反俄论”。包括分化中亚与俄罗斯的关系、减少中亚对俄罗斯市场和出口路径的依赖、制造社会和族际矛盾，有意将哈萨克斯坦北部与乌克兰问题类比，推动中亚社会反俄恐俄情绪，向中亚国家政府施压。乌兹别克斯坦马诺研究中心主任巴赫蒂约尔·埃尔加舍夫认为，美国和欧洲国家正在努力资助非政府组织和媒体积极活动，在美欧扶持下，在中亚亲西方的媒体不断批评欧亚一体化和多元化平衡外交。③

---

① Эргашев：Западные СМИ и НКО работают на подрыв евразийской интеграции в ЦА，2022. 12. 13，https://www. vb. kg/doc/425333_ergashev:_zapadnye_smi_i_nko_rabotaut_na_podryv_evraziyskoy_integracii_v_ca. html.

② Западные НПО сосредотачивают свое внимание на Узбекистане и Казахстане，2022. 12. 12，Подробнее：https://eadaily. com/ru/news/2022/12/12/zapadnye-npo-sosredotachivayut-svoe-vnimanie-na-uzbekistane-i-kazahstane.

③ Эргашев：Западные СМИ и НКО работают на подрыв евразийской интеграции в ЦА，2022. 12. 13，https://www. vb. kg/doc/425333_ergashev:_zapadnye_smi_i_nko_rabotaut_na_podryv_evraziyskoy_integracii_v_ca. html.

2. "中间地带"地缘政治形态对中亚稳定的冲击

在国际变局下中亚进入风险上升期，其"中间地带"特征明显：2021 年以来中亚域内问题往往带有浓重的地缘政治色彩，令中亚各国的稳定问题更加复杂、严重。中亚各国的政治风险拉高安全风险，权力交接、政治冲突、来自阿富汗的安全威胁、中亚国家间的边界冲突、激进的民族主义在社会蔓延、与美俄的微妙关系等，都被内外部势力利用搅乱各国国内稳定。外部大国常常以 A 问题来达到 B 目标，导致中亚域内矛盾冲突增加。

例如，2022 年西方国家继续在吉尔吉斯斯坦和塔吉克斯坦边境冲突、塔吉克斯坦巴达赫尚分离问题等内部矛盾上推波助澜，埋下中亚不稳定隐患，进一步分化俄罗斯与中亚国家的关系，以达到深入介入阿富汗事务的目的。再如乌兹别克斯坦卡拉卡拉尔帕克斯坦自治共和国首府努库斯骚乱后，西方国家指责乌兹别克斯坦政府在处置事件过程中存在人权问题，要求进行独立调查等，其仍是意在乌克兰危机问题上向乌兹别克斯坦执政者施压。

大国撕扯的压力令中亚稳定风险的混合性、复合性特征突出，中亚面临着前所未有的复杂严峻挑战。中亚地区被"地缘政治化"，一些中亚国家的政治稳定被外部因素干扰。

第一，政治稳定与安全挑战搅在一起。如哈萨克斯坦"一月事件"属于内政问题，但事件过程中美欧非政府组织发挥了一定作用，说明了这一事件的复杂性，以及具有地缘政治博弈色彩。哈萨克斯坦"一月事件"是中亚国家独立以来最重大的政治事件。其根本原因是权力交接过程中政治精英对抗加剧导致政治冲突爆发；带有强烈政治色彩的社会运动形成规模，激进的民族主义情绪蔓延；民生问题、社会安全治理长期不力导致骚乱蔓延到全国。

西方国家支持哈萨克斯坦政治反对派长期从事反政府抗议活动，导致社会情绪处于不稳定、易煽动的状态，是重要的外部原因。2021 年年初，美国国务院和国际开发署决定拨款约 150 万美元支持哈萨克斯坦“发展公民社会”，进一步刺激哈社会分裂，激化社会矛盾，挑起社会冲突，从而破坏其稳定和发展。2021 年下半年，美英情报部门伪装成智库在哈萨克斯坦向当地学者提供资金就《西部地区劳资冲突》《西部地区社会不公正》等研究项目进行调研。在此次事件中，有迹象表明西方非政府组织通过哈萨克斯坦本土非政府组织发起示威活动，积极通过社交平台联络全国青年人上街游行，发布大量引导性言论。例如在事件中非常活跃的“觉醒！哈萨克斯坦”青年组织受到西方国家的资助，经常在扎瑙津（“一月事件”最初抗议活动的发生地）等地活动。2023 年 1 月 5 日，哈萨克斯坦总检察长阿斯洛夫在议会下院发布“一月事件”调查报告并表示，骚乱事件是一场策划长达一年的未遂政变，并有外国公民参与了骚乱事件。①

“一月事件”对哈萨克斯坦和中亚其他国家影响深远，同时动乱之后的中亚地缘政治格局也发生了变化，中亚国家的政治风险进一步上升。托卡耶夫向集安组织求援出兵，被西方国家抓住炒作，刺激哈萨克斯坦民族主义情绪更加高涨，以“反对派 + 本土 NGO + 激进民族群体”模式发起反政府抗议活动，社会面临更加不稳定态势。乌克兰危机爆发后西方国家称“哈萨克斯坦是下一个乌克兰”，进一步以“北哈州分离问题”挑拨俄哈关系。哈萨克斯坦的“去俄化”运动更加活跃，影响到政治稳定和社会安全。中亚地区成为美俄舆论战的战场，“恐俄论”

① Генпрокурор Казахстана：подготовка к январским беспорядкам 2022 года велась весь предыдущий год，2023. 01. 05，https://centralasia.media/news:1844682.

和“颜色革命论”、煽动民族主义、内部问题向外延伸、社会思潮混乱。

第二，乌克兰危机与中亚国家的内部问题搅在一起。如塔吉克斯坦央地矛盾激化有西方国家介入和煽动。塔吉克斯坦国内冲突有其历史原因，主要是当地部族与中央政府的矛盾由来已久，地方自治和分离倾向明显。但是，长期以来，英国试图控制阿富汗和塔吉克斯坦的巴达赫尚地区，在塔吉克斯坦巴达赫尚地区支持当地反政府势力，鼓励其分裂活动。同时，西方媒体持续煽动该地区民众对中央政府的不满，加深了塔吉克斯坦的央地矛盾。西方国家制造“大塔吉克斯坦”概念，讨论“大塔吉克斯坦”建国的可能性，即由塔吉克斯坦和阿富汗北部领土合并而成，统一“阿富汗塔吉克斯坦”和“后苏联塔吉克斯坦”,① 刺激塔吉克斯坦内部矛盾、鼓励民族主义、挑拨塔吉克斯坦与阿富汗关系，在中亚安全最脆弱的塔阿边境地区制造混乱。

当前在中亚国家中稳定问题较为突出的是吉尔吉斯斯坦、塔吉克斯坦、哈萨克斯坦，三国风险及其程度又各有不同：吉尔吉斯斯坦常年政治波动，受国内政治派别、民族主义、外部大国影响较大，导致政策多受上述因素多变；塔吉克斯坦综合性安全问题突出，权力交接、民生问题、来自阿富汗的安全威胁，对其国内政治稳定有很大挑战；哈萨克斯坦政治进程还在调整过程中，政治稳定需要进一步观察，托卡耶夫面临的内外难题不少。

3. 阿富汗局势对中亚地缘政治与安全的挑战

阿富汗“问题”正在变为阿富汗“危机”，阿富汗局势仍摆

① Нурлан Досалиев: США пытаются сделать из Таджикистана вторую Украину, 2022.09.21, https://stanradar.com/news/full/50578-nurlan-dosaliev-ssha-pytajutsja-sdelat-iz-tadzhikistana-vtoruju-ukrainu.html.

脱不了“内部冲突—代理人战争—大国博弈”的循环模式。可见的危机有：塔利班权力斗争和内战的风险；人道主义危机严重，自然灾害、饥荒、贫困；外部国家深度介入阿富汗事务，大国在阿富汗问题上的博弈和搅局，是阿富汗问题危机化的重要原因之一。

阿富汗安全局势对中亚地区安全构成直接威胁：塔吉克斯坦卷入阿富汗内部冲突，为未来地区安全埋下重大隐患；塔阿边境安全挑战突出，恐怖主义十分活跃，阿富汗毒品流入猖獗，边境复杂形势进一步激化塔吉克斯坦巴达赫尚分离主义；阿富汗的国际恐怖组织以中亚国家为目标的恐袭零星发生，包括2022年7月“伊斯兰国呼罗珊分支”自阿富汗境内向乌兹别克斯坦发射多枚火箭弹；阿富汗北部恐怖主义活跃及其对中亚威胁越来越大，未来可能成为中南亚安全最恶化地区。“伊斯兰国”积极拉拢中亚圣战分子，加大意识形态宣传力度，吸纳其他恐怖组织归顺。在阿富汗的各恐怖组织呈现去民族化、去国籍化的特点，中亚“沉睡细胞”继续被唤醒。

受阿富汗形势影响，中亚地区内的极端思想活跃，原有的一些恐怖组织和极端组织露头，如伊斯兰解放党在2022年分别在乌兹别克斯坦和吉尔吉斯斯坦出现过多个分支组织，当地执法人员抓获该组织多名成员，这些人主要进行招募和传播极端思想。2022年1月，乌兹别克斯坦国家安全局在塔什干逮捕30名“一神圣战营”（Батальон единобожияиджихада）成员。这些人来自乌兹别克斯坦不同地区，预谋赴叙利亚加入武装组织，在那里参加圣战。① 以外还有成立于吉尔吉斯斯坦北部的极端组

① В Ташкенте задержаны десятки экстремистов—они пытались уехать в Сирию，2022. 1. 27，https://uz. sputniknews. ru/20220127/v-tashkente-zaderjany-desyatki-ekstremistov-oni-pytalis-uexat-v-siriyu – 22405579. html.

织“因卡尔”（ЙакынИнкар），[①]“因卡尔”成立于吉尔吉斯斯坦北部地区，有50多名成员，近年有向南部蔓延的迹象。吉尔吉斯斯坦本土组织“马赫迪军”（ВоиныМахди，并非是在伊拉克活动的同名恐怖组织）也有活动。2022年7月16日，塔吉克斯坦总检察长表示该国恐怖主义和极端主义犯罪活动呈增长趋势，当年上半年，塔吉克斯坦共发生720起带有极端主义和恐怖主义性质的犯罪活动，比去年同期增加了106起。[②]

4. 中亚国家的“通道外交”与塑造“枢纽地带”

在外部巨大的压力和激烈的地缘政治对抗中，中亚国家外交自主性弱化，政治和安全受到大国冲突带来的风险明显上升、地区矛盾增多、安全领域复合挑战突出。在这样的形势下，中亚各国加强本地区内合作，“抱团取暖”。从2022年中亚国家的一系列外交努力看，中亚国家具有“平衡外交”“通道外交”“纵横外交”特点。在多元平衡外交的大前提下，中亚国家把“通道外交”作为重要手段之一，通过提出贯通欧亚大陆数条大通道规划，希望突破经济困境、提升地缘位置，塑造中亚在交通大通道上的“区域交通枢纽”概念，努力向“枢纽地带”过渡，期望在激烈的地缘政治对抗中突破困境，找到新的安全纾解与发展破局之道。

2022年中亚国家的“通道外交”卓有成效，为塑造中西亚、中南亚“枢纽地带”奠定基础。乌兹别克斯坦在不同国际场合强调“跨阿富汗铁路”重要意义，哈萨克斯坦重视“里海

① В Ошской области задержаны 8 последователей РЭО《Йакын Инкар》, 2022. 2. 10, https://www. kabar. kg/news/v-oshskoi-oblasti-zaderzhany-8-posledovatelei-reo-iakyn-inkar/.

② Генпрокурор Таджикистана заявил о тенденции роста терроризма и экстремизма, 2022. 7. 16, https://khovar. tj/rus/2022/07/genprokuror-tadzhikistana-zayavil-o-tendentsii-rosta-terrorizma-i-ekstremizma/.

五国”框架下港口基础设施的现代化建设，吉尔吉斯斯坦积极推动中吉乌铁路重启，以及中亚五国均对“一带一路”建设有高度期待，尤其在交通基础设施与物流等领域的合作。① 中亚各国均把交通合作纳入本国双多边交往框架：在第六届里海峰会（6 月）上中亚国家强调加强里海物流潜力、连接东西线和南北线沿线交通线建设；在第四次中亚国家元首磋商会议（7 月）上通过了《2022—2024 年区域合作发展路线图》，将修建哈乌自由边境贸易区，吉哈边境运输和物流中心，吉哈乌塔四国物流中心；在乌兹别克斯坦—阿塞拜疆—土耳其首次对话会（8 月）上将加强三国交通与物流合作；中亚国家加强中东外交，包括重视与中东的互联互通。2022 年土库曼斯坦、乌兹别克斯坦、哈萨克斯坦领导人先后访问沙特，表达愿意与沙特在跨里海航线的开发方面进行合作。9 月 28 日，伊朗总统易卜拉欣·莱希表示，伊朗准备将乌兹别克斯坦纳入恰赫巴哈尔协议，向其开放恰巴赫哈尔港、阿巴斯港、南北走廊。9 月 20 日，中吉乌阿多式联运线路，即喀什（中国）—奥什（吉尔吉斯斯坦）—海拉顿（乌兹别克斯坦）—马扎里谢里夫（阿富汗）启动试运行，正式投入运营后每年可向阿富汗运送 4000 个集装箱货物。② 在里海地区交通互联互通外长—交通部长会议（11 月）上，各方签署《2022—2027 年同步消除瓶颈和发展“中间走廊”路线图》。根据该文件，2025 年“中间走廊”过货量将增至每年 1000 万吨。乌兹别克斯坦表示计划修建南北多式联运走廊，包括“铁尔梅兹—马扎里沙里夫—喀布尔—白沙瓦”铁路

① Китай в мире и ЕВРАЗИИ: итоги года и ожидания от будущего, 2022. 12. 28, https://ia-centr. ru/experts/vladimir-nezhdanov/kitay-v-mire-i-evrazii-itogi-goda-i-ozhidaniya-ot-budushchego/.

② Развитие《ПОЯСА и ПУТИ》-окно возможностей для Центральной Азии и Каспия, 2022. 12. 13, https://ia-centr. ru/experts/vladimir-nezhdanov/razvitie-poyasa-i-puti-okno-vozmozhnostey-dlya-tsentralnoy-azii-i-kaspiya/.

项目、俄—哈—乌—阿—巴—白俄多式联运走廊方案。

可以看出，中亚国家的“枢纽地带”构想是具有“中亚地区意义”的“枢纽地带”，是中亚国家意愿中的“枢纽地带”。在地缘政治对抗冲突加剧下，打造概念意义上“枢纽地带”，进而进行可行性尝试，可提升中亚地位和增加中亚稳定与安全性。这些具有政治意义的“枢纽地带”框架雏形包括：提出贯通中亚—南亚—西亚的“跨阿富汗铁路”计划，推动中吉乌铁路建设重启、规划（或开始修建）跨区域交通走廊、推动本地区以及跨区域的国际组织（包括中亚地区内的各类组织以及包括西亚、欧亚、美欧在内的国际组织）。

在中亚国家的“通道外交”中，“跨阿富汗铁路”是受到中亚五国一致重视的交通基础设施构想。2020 年 12 月 29 日，乌兹别克斯坦总统米尔济约耶夫在国情咨文中表示，南亚将成为乌兹别克斯坦外交政策的优先方向之一。① 次年 2 月，乌兹别克斯坦外长卡米洛夫访问中亚四个邻国，主要讨论修建“跨阿富汗铁路”的构想，得到哈萨克斯坦、吉尔吉斯斯坦、塔吉克斯坦、土库曼斯坦的一致支持。这条铁路也被称为“喀布尔走廊”，自乌兹别克斯坦南部城市铁尔梅兹起，途经阿富汗的马扎里谢里夫、喀布尔，到达巴基斯坦白沙瓦，计划把中亚、阿富汗和巴基斯坦连接起来，并将进一步到达伊朗重要港口城市恰赫巴哈尔。恰赫巴哈尔位于伊朗锡斯坦—俾路支斯坦省南端、阿曼湾东北部，地理位置重要，西方国家及周边国家特别是印度重视该港口的战略位置和运输能力。“跨阿富汗铁路”全长 750 公里，预计造价 46 亿美元，工期 5 年。包括 1200 多个工程项目，包括 3 条隧道、100 多座过境点和 336 座桥梁。美国对这

① Южная Азия-одно из приоритетных направлений внешней политики Узбекистана в 2021 году，2020. 12. 29，https://uzdaily. uz/ru/post/58187.

条铁路表现出积极支持态度，表示将推动世界银行、国际开发金融公司等国际机构共同对此项目投资。中亚国家学者认为“跨阿富汗铁路”构想具有地缘政治风险。乌兹别克斯坦“Ma’no”（塔什干）研究计划中心主任巴赫季约尔·埃尔加舍夫强烈批评这一项目，认为这条铁路构想明显具有地缘政治色彩：“对于美国来说，马扎里沙里夫—喀布尔—白沙瓦铁路走廊是美军从阿富汗撤出并通往中亚的路线。对于军事装备、弹药、燃料的转移，铁路是不可替代的。这就是美国数十年来一直梦想的一条通往中亚深处的可靠运输公路。”①

近年来，中亚政治与安全风险在上升，“中间地带”特征明显，政治风险（权力交接）、国内问题（经济、民生、社会思潮）、地缘政治形势等构成影响中亚稳定的主要因素。其中，地缘政治因素的影响在增强——中亚作为具有特殊地缘政治位置的欧亚中等国家，其稳定受到的外部影响往往更加明显。

未来不利于中亚稳定的问题可能是：首先，中亚国家的自主性选择空间被大大压缩：内部，为平衡权力交接带来的动荡风险，核心领导人在一些问题上需要对内妥协；外部，在地缘政治对抗越来越激烈的情况下，中亚国家外交选择被挤压，导致的后果往往会投射影响到中亚政治和社会稳定、安全危机。如哈萨克斯坦的“去俄化”问题和塔吉克斯坦的巴达赫尚分离问题。其次，中亚国家的权力交接与乌克兰危机形成时间契合，政治风险临近独立以来最高值，新冠疫情和对俄制裁令中亚国家经济步履维艰。最后，阿富汗安全风险外溢及大国在阿富汗的代理人战争，为中亚国家带来双重挑战，难以展开有效的国际合作。

---

① Золотой коридор в Афганистан разорит узбекскую экономику, 2021. 4. 6, https://www.fondsk.ru/news/2021/04/06/zolotoj-koridor-v-afganistan-razorit-uzbekskuju-ekonomiku-53319.html.

第四部分

实践与发展

一　欧亚地区高质量共建“一带一路”[①]

2013年秋，习近平总书记提出了共建丝绸之路经济带和21世纪海上丝绸之路重大倡议。顺应时代潮流，秉持共商共建共享原则，弘扬开放包容、互学互鉴的精神，坚持互利共赢、共同发展的目标，奉行以人为本、造福于民的宗旨。经过多年努力，“一带一路”建设成果丰硕。共建“一带一路”正在成为我国参与全球开放合作、改善全球经济治理体系、促进全球共同发展繁荣、推动构建人类命运共同体的中国方案。习近平总书记关于推进“一带一路”建设的重要论述成为习近平经济思想的重要组成部分。

（一）“一带一路”倡议的重大意义与丰富内涵

世界多极化、经济全球化、文化多样化、社会信息化深入发展，人类社会充满希望。同时，国际形势的不稳定性不确定

---

① 本部分作者系孙壮志，中国社会科学院俄罗斯东欧中亚研究所所长；郭晓琼，中国社会科学院俄罗斯东欧中亚研究所研究员；蓝庆新，对外经济贸易大学教授。本部分内容见孙壮志、郭晓琼《高质量共建“一带一路”》，《经济日报》2022年10月13日；蓝庆新《中俄合作夯实高质量共建“一带一路”基础》，《光明日报》2023年3月26日。

性更加突出，世界经济缓慢复苏、发展分化，国际投资贸易格局和多边投资贸易规则酝酿深刻调整，各国面临的发展问题依然严峻。新一轮科技革命和产业变革正在重构全球创新版图、重塑全球经济结构。

共建“一带一路”顺应了经济全球化的历史潮流，顺应了各国特别是广大发展中国家对促和平、谋发展的愿望。“一带一路”建设有利于共建各国发挥自身优势，破解发展难题。共建“一带一路”顺应了全球治理体系变革的内在要求，彰显了同舟共济、权责共担的命运共同体意识，为完善全球治理体系变革提供了新思路新方案。作为世界第二大经济体，中国愿意在力所能及的范围内承担更多责任义务，为人类和平发展做出更大的贡献。

对中国来说，首先，共建“一带一路”顺应了中国对外开放区域结构转型的需要。共建“一带一路”推动中国开放空间从沿海、沿江向内陆、沿边延伸，形成陆海内外联动、东西双向互济的开放新格局。其次，顺应了中国要素流动的需要。近年来，中国对外投资规模不断扩大、效益不断提升，已经出现了市场、资源能源、投资“三头”对外深度融合的新局面，只有坚持对外开放，深度融入世界经济，才能实现可持续发展。再次，顺应了中国加快实施自由贸易区战略的需要。加快实施自由贸易区战略是一项复杂的系统工程，要加强顶层设计、谋划大棋局，既要谋子更要谋势，逐步构筑起立足周边、辐射“一带一路”、面向全球的自由贸易区网络，积极同“一带一路”共建国家和地区商建自由贸易区，使中国与共建国家合作更加紧密、往来更加便利、利益更加融合。

共建“一带一路”旨在促进经济要素有序自由流动、资源高效配置和市场深度融合，推动共建各国实现经济政策协调，开展更大范围、更高水平、更深层次的区域合作，共同打造开放、包容、均衡、普惠的区域经济合作架构。推进“一带一路”

建设既是中国扩大和深化对外开放的需要，也是加强和亚欧非及世界各国互利合作的需要。正如习近平总书记强调的，中国提出“一带一路”倡议，就是要为国际社会搭建合作共赢新平台。① 这个倡议源自中国，属于世界，始终秉持共商共建共享原则，致力走出一条和平、繁荣、开放、绿色、创新、文明之路，为各参与国带来新的发展机遇。

习近平总书记关于推进“一带一路”建设的重要论述深刻阐明了“一带一路”倡议的精神、目标、原则、宗旨等，为推动共建“一带一路”走深走实、行稳致远提供了根本遵循。

首先，弘扬开放包容、互学互鉴精神。习近平总书记指出，“弘扬丝路精神，就是要促进文明互鉴”。古代丝绸之路是一条贸易之路，更是一条友谊之路。在中华民族同其他民族的友好交往中，逐步形成了以和平合作、开放包容、互学互鉴、互利共赢为特征的丝绸之路精神。在新的历史条件下，我们提出“一带一路”倡议，就是要继承和发扬丝绸之路精神，把中国发展同共建国家发展结合起来，把中国梦同沿线各国人民的梦想结合起来，赋予古代丝绸之路以全新的时代内涵。文明因交流而多彩，文明因互鉴而丰富。文明交流互鉴，是推动人类文明进步和世界和平发展的重要动力。“一带一路”倡导推动不同文明相互尊重、和谐共处，让文明交流互鉴成为增进各国人民友谊的桥梁、推动人类社会进步的动力、维护世界和平的纽带；倡导从不同文明中寻求智慧、汲取营养，为人们提供精神支撑和心灵慰藉，携手解决人类共同面临的各种挑战。习近平总书记指出，“弘扬丝路精神，就是要尊重道路选择”。② 一个国家

---

① 《习近平会见“2018从都国际论坛”外方嘉宾》，《人民日报》2018年12月13日第1版。

② 习近平：《弘扬丝路精神　深化中阿合作——在中阿合作论坛第六届部长级会议开幕式上的讲话》，《人民日报》2014年6月6日第2版。

的发展道路合不合适，只有这个国家的人民才最有发言权。不能要求有着不同文化传统、历史遭遇、现实国情的国家都采用同一种发展模式。各国体量有大小、国力有强弱、发展有先后，但都是国际社会平等的一员，都有平等参与地区和国际事务的权利。"一带一路"倡议坚持相互尊重、平等相待，尊重各国自主选择的社会制度和发展道路，尊重彼此核心利益和重大关切，客观理性看待别国发展壮大和政策理念，努力求同存异、聚同化异。

其次，坚持互利共赢、共同发展目标。习近平总书记强调，"中国追求的是共同发展。我们既要让自己过得好，也要让别人过得好"①。中华民族历来注重敦亲睦邻，讲信修睦、协和万邦是中国一以贯之的外交理念。中国倡导的新机制新倡议，不是为了另起炉灶，更不是为了针对谁，而是对现有国际机制的有益补充和完善，目标是实现合作共赢、共同发展。中国对外开放，不是要一家唱独角戏，而是要欢迎各方共同参与；不是要谋求势力范围，而是要支持各国共同发展；不是要营造自己的后花园，而是要建设各国共享的百花园。

再次，秉持共商共建共享原则。共商，就是集思广益，好事大家商量着办，使"一带一路"建设兼顾各方利益和关切，体现各方智慧和创意。共建，就是各施所长，各尽所能，把各方优势和潜能充分发挥出来，聚沙成塔，积水成渊，持之以恒加以推进。共享，就是让建设成果更多更公平惠及各国人民，打造利益共同体和命运共同体。这一倡议的初衷和要实现的最高目标，就是在"一带一路"建设国际合作框架内，各方秉持共商、共建、共享原则，携手应对世界经济面临的新挑战，开

---

① 习近平：《弘扬丝路精神　深化中阿合作——在中阿合作论坛第六届部长级会议开幕式上的讲话》，《人民日报》2014年6月6日第2版。

创发展新机遇，谋求发展新动力，拓展发展新空间，实现优势互补、互利共赢，不断朝着人类命运共同体方向迈进。

最后，坚持正确义利观。推进“一带一路”建设，要处理好中国利益和共建国家利益的关系，政府、市场、社会的关系，经贸合作和人文交流的关系，对外开放和维护国家安全的关系，务实推进和舆论引导的关系，国家总体目标和地方具体目标的关系。“一带一路”建设不仅仅着眼于中国自身发展，而是要以中国发展为契机，让更多国家搭上中国发展快车，帮助他们实现发展目标。习近平总书记指出，“要坚持正确义利观，以义为先、义利并举，不急功近利，不搞短期行为”。① 推进“一带一路”建设，要诚心诚意对待共建国家，做到言必信、行必果。要本着互利共赢的原则同共建国家开展合作，让共建国家得益于中国发展。要实行包容发展，坚持各国共享机遇、共迎挑战、共创繁荣。“一带一路”共建国家国情和发展阶段不同，文化上也存在差异，共处时必须相互尊重、包容差异，共事时必须帮贫扶弱、均衡发展。“一带一路”建设是共建各国共同的事业，需要大家一起努力，合作好、发展好、分享好。

（二）“一带一路”倡议的基本路径与主要成果

“一带一路”倡议顺应了时代要求和各国加快发展的愿望，提供了一个包容性巨大的发展平台，具有深厚历史渊源和人文基础，能够把快速发展的中国经济同共建国家的利益结合起来。习近平总书记在2014年11月4日中央财经领导小组第八次会议

① 《习近平在中共中央政治局第三十一次集体学习时强调 借鉴历史经验创新合作理念 让“一带一路”建设推动各国共同发展》，《人民日报》2016年5月1日第1版。

上强调，要做好“一带一路”总体布局，尽早确定今后几年的时间表、路线图，要有早期收获计划和领域。推进“一带一路”建设要抓落实，由易到难、由近及远，以点带线、由线到面，扎实开展经贸合作，扎实推进重点项目建设，脚踏实地、一步一步干起来。① 从十年的具体实践来看，“一带一路”倡议的落实遵循以下路径。

第一，积极推动互联互通。习近平总书记强调，我们希望同“一带一路”共建国家加强合作，实现道路联通、贸易畅通、资金融通、政策沟通、民心相通，共同打造开放合作平台，为地区可持续发展提供新动力。② 共建“一带一路”，关键是互联互通。“一带一路”建设的互联互通，不仅是修路架桥，不光是平面化和单线条的联通，而更是基础设施、制度规章、人员交流三位一体，是政策沟通、设施联通、贸易畅通、资金融通、民心相通五大领域齐头并进。这是全方位、立体化、网络状的大联通，是生机勃勃、群策群力的开放系统。以打造全方位的互联互通，推动形成基建引领、产业集聚、经济发展、民生改善的综合效应。

第二，明确推进“一带一路”建设的要求。在推进“一带一路”建设方面，符合“六个切实”的要求：一是切实推进规划落实，重点支持基础设施互联互通、能源资源开发利用、经贸产业合作区建设、产业核心技术研发支撑等战略性优先项目。二是切实推进统筹协调，坚持陆海统筹、内外统筹，加强政企统筹，鼓励中国企业到共建国家投资经营，也欢迎共建国家企业到中国投资兴业。三是切实推进关键项目落地，实施好一批

① 《习近平主持召开中央财经领导小组第八次会议强调　加快推进丝绸之路经济带和二十一世纪海上丝绸之路建设　李克强刘云山张高丽出席》，《人民日报》2014 年 11 月 7 日第 1 版。

② 习近平：《构建中巴命运共同体　开辟合作共赢新征程——在巴基斯坦议会的演讲》，《人民日报》2015 年 4 月 22 日第 2 版。

示范性项目，让有关国家不断有实实在在的获得感。四是切实推进金融创新，打造多层次金融平台，建立服务"一带一路"建设长期、稳定、可持续、风险可控的金融保障体系。五是切实激发地方动能。"一带一路"建设既要确立国家总体目标，也要发挥地方积极性。地方的规划和目标符合国家总体目标，服从大局和全局，立足本地实际，找准位置，发挥优势，取得扎扎实实的成果，努力拓展改革发展新空间。六是切实把主要精力放在提高对外开放水平、增强参与国际竞争能力、倒逼转变经济发展方式和调整经济结构上来。

第三，推动与各国发展战略对接合作。"一带一路"建设不是中国一家的独奏，而是共建国家的合唱。习近平总书记指出："'一带一路'建设不是要替代现有地区合作机制和倡议，而是要在已有基础上，推动共建国家实现发展战略相互对接、优势互补。"① "一带一路"已经与哈萨克斯坦"光明之路"、俄罗斯"欧亚经济联盟"、蒙古国"草原之路"、土库曼斯坦"复兴丝绸之路"倡议实现对接合作，同欧洲"容克投资计划"、柬埔寨"四角战略"、老挝"变陆锁国为陆联国"战略等对接达成共识。"一带一路"还实现了与沙特阿拉伯"2030 愿景"、埃及"振兴计划"、塔吉克斯坦"2030 年前国家发展战略"、伊朗四大走廊及跨境走廊对接，积极推动同乌兹别克斯坦、阿塞拜疆、白俄罗斯、吉尔吉斯斯坦、土耳其等国经济战略对接。

10 年来，经过各方不懈努力，共建"一带一路"取得扎扎实实的成就。一是合作范围不断扩大。截至 2023 年 10 月，中国已与 152 个国家、32 个国际组织签署 200 多份合作文件。共建"一带一路"已先后写入联合国、亚太经合组织等多边机制成果文件。

① 习近平：《迈向命运共同体 开创亚洲新未来——在博鳌亚洲论坛 2015 年年会上的主旨演讲》，《人民日报》2015 年 3 月 29 日第 2 版。

二是设施互联互通不断深化。一系列重大项目在共建国家落地生根。中老铁路实现全线开通运营，客货运输量稳步增长；匈塞铁路塞尔维亚境内贝诺段顺利通车；雅万高铁最长隧道实现全隧贯通；瓜达尔港具备了全作业能力，成为区域物流枢纽和临港产业基地。中欧班列开辟了亚欧陆路运输新通道，为保障国际供应链产业链稳定畅通提供了有力支撑。

三是经贸交流与合作不断发展。截至2022年8月底，中国与共建国家货物贸易额累计约12万亿美元，对共建国家非金融类直接投资超过1400亿美元。中国已累计与30多个共建国家和地区签署“经认证的经营者”互认协议，贸易投资自由化便利化水平持续提升。

四是多元化投融资体系不断健全。成立多边开发融资合作中心基金，10家国际金融机构参与。截至2022年7月底，中国累计与20多个共建国家建立双边本币互换安排，在10多个共建“一带一路”国家建立了人民币清算安排。人民币跨境支付系统的业务量和影响力稳步提升。

五是人文交流合作不断扩大。十余个文化交流和教育合作品牌逐步建立，“鲁班工坊”、丝绸之路国际剧院、博物馆、艺术节、图书馆和美术馆联盟、“一带一路”国际科学组织联盟等运行良好，有力增进了不同文化之间的交流理解和认同。“丝路一家亲”行动持续推进，菌草、杂交水稻等“小而美、见效快、惠民生”的援外项目有效增进了共建国家民众的获得感、幸福感。

六是新兴领域国际合作不断拓展。深化数字与创新国际合作，打造了一批创新合作的新亮点。中国积极参与全球抗疫协作，与共建国家开展疫苗生产合作，为支持发展中国家抗疫做出积极贡献。以电子商务、移动支付等为代表的数字经济合作成为高质量共建“一带一路”的新领域。

（三）中俄合作：“一带一路”倡议的具体实践

高质量推进“一带一路”需要充分体现非排他性、相互尊重、公平正义、低碳绿色、高科技发展的共商共建共享特征。中俄合作不结盟、不对抗、不针对第三方，两国都主张构建公平的全球秩序，尊重各国根据自身实际情况选择发展道路，倡导和推进多边主义，反对单边主义，着力推动经济全球化，扩大南南合作，促进国际治理格局的多元化和民主化。这些与高质量推进“一带一路”的特征完全相符，成为中俄两国合作的共同价值观。

在此基础上，中俄两国经贸合作日益紧密，硕果累累。“一带一路”建设10年来，中俄两国贸易额于2022年达到1902.7亿美元，比10年前增长了116%，即使在疫情蔓延全球的背景下也呈现逆势上扬，目前中国稳居俄罗斯最大贸易伙伴国，俄罗斯成为中国最大能源进口国。中国对俄罗斯投资规模不断扩大，投资领域不断增加，对俄投资存量超过100亿美元，设立生产企业1000多家，经贸合作为两国经济发展和人民生活水平提升提供了重要支撑。

中俄合作的“一带一路”示范效应正逐渐凸显。“一带一路”倡议与俄罗斯欧亚经济联盟战略有效对接，拓展了中国与白俄罗斯、哈萨克斯坦、吉尔吉斯斯坦、亚美尼亚等欧亚经济联盟国家的合作，途经欧亚经济联盟国家的中欧班列开行数量和贸易规模迭创新高，应用中国标准的中吉乌铁路即将开工，中国与白俄罗斯签署《新时代进一步发展两国全天候全面战略伙伴关系的联合声明》开展全方位合作。此外，中俄在金砖合作框架和上合组织合作框架下，也开展紧密合作，极大拓展了“一带一路”倡议与相关国际合作框架的融通性，在“一带一路”框架下深化了与相关国家的合作，将中国的发展成果和经验进行全面国际共享，体现了高质量推进“一带一路”的共商共建共享特征。

面对日益严峻的全球气候变化和生态环境问题，绿色“一带一路”成为高质量共建“一带一路”重要特征。中俄两国均提出碳中和目标，在“一带一路”框架下开展了低碳绿色合作。中俄在总理定期会晤委员会下成立了环保合作分委会，共同协调两国在绿色低碳环保领域的合作。两国固体废弃物处理、绿色金融、低碳绿色技术与环保产业合作不断取得进展。中俄积极开展生态环保能源政策法规交流，对重点行业的环保标准和要求进行协调，推动环境治理技术交流与产业合作，实施跨境环境治理项目，深化两国在节能环保领域的务实合作。在生物多样性合作方面，中俄启动了北极圈生物多样性旗舰物种保护合作，开展了中俄蒙跨境生物多样性保护。在传统能源合作基础上，中俄在风能、太阳能、水能等可再生能源领域投资和技术合作规模不断扩大，打造了高质量共建“一带一路”的绿色底色。

当前的全球新一轮技术革命主要体现在数字技术发展方面，数字经济浪潮逐渐兴起，数字“一带一路”也构成高质量共建“一带一路”的重要特征。中俄在数字经济领域合作不断深入，逐渐成为两国合作的亮点。两国陆续签署了加强数字技术开发领域合作、数字经济领域投资合作、电子商务合作以及科技人文交流与合作等系列谅解备忘录，2022 年达成《信息化和数字化领域合作协议》，不断加强在物联网、5G、人工智能等领域的合作，支持数字经济人文交流和业界对接。2020 年中国正式启动“中俄数字经济示范项目”，中俄在 5G 等数字基础设施方面加强合作力度，共同实施开发 5G 网络技术计划，开启 5G 商用体验。作为“一带一路”示范项目的中俄东线天然气管道工程也采用“大数据 + 云计算 + 物联网 + 人工智能”和“互联网 +

项目管理”的新模式，成为中国首条智能化管道设施建设的样板工程，大大提高了项目的智能化数字化水平。此外，中俄两国在跨境电子商务、算法算力、智能识别等数字领域的合作也都取得了重要进展。中俄数字经济合作，对高质量共建“一带一路”起到了助力作用，提升了“一带一路”的科技化水平。

中俄两国开展的卓有成效的合作奠定了双方高质量共建“一带一路”的基础。未来，双方将全方位落实中俄新时代全面战略协作伙伴关系，努力共同擘画中俄高水平合作的新愿景、新蓝图、新举措，打造高质量共建“一带一路”的合作样本，形成全球示范效应。

（四）“一带一路”倡议的发展方向

近年来，“一带一路”建设完成了总体布局，绘就了一幅“大写意”，取得了实打实、沉甸甸的成就。面向未来，要聚焦重点、深耕细作，共同绘制精谨细腻的“工笔画”，秉持共商共建共享原则，坚持开放、绿色、廉洁理念，努力实现高标准、可持续、惠民生目标，推动共建“一带一路”沿着高质量发展方向不断前进。

第一，正确认识和把握新形势。总体上看，和平与发展的时代主题没有改变，经济全球化大方向没有变，国际格局发展战略态势对我有利，共建“一带一路”仍面临重要机遇。同时，世界百年未有之大变局正加速演变，新一轮科技革命和产业变革带来的激烈竞争前所未有，气候变化、疫情防控等全球性问题对人类社会带来的影响前所未有，共建“一带一路”国际环境日趋复杂。要保持战略定力，抓住战略机遇，统筹发展和安全、统筹国内和国际、统筹合作和斗争、统筹存量和增量、统筹整体和重点，积极应对挑战，趋利避害，奋勇前进。

第二，坚定不移扩大高水平开放。习近平总书记指出，

“‘一带一路’建设是扩大开放的重大战略举措和经济外交的顶层设计”。① 共建“一带一路”是和平发展、经济合作倡议，不是搞地缘政治联盟或军事同盟；是开放包容、共同发展进程，不是要关起门来搞小圈子或者“中国俱乐部”；不以意识形态划界，不搞零和游戏。中国坚持对外开放的基本国策，坚持打开国门搞建设，积极促进“一带一路”国际合作，努力实现政策沟通、设施联通、贸易畅通、资金融通、民心相通，打造国际合作新平台，增添共同发展新动力。在共建“一带一路”过程中，中国开放的大门只会越开越大，中国愿为世界各国带来共同发展新机遇，与各国积极发展符合自身国情的开放型经济，共同携手向着构建人类命运共同体的目标不断迈进。

第三，持续夯实高质量发展根基。深化政治互信，发挥政策沟通的引领和催化作用，探索建立更多合作对接机制，推动把政治共识转化为具体行动、把理念认同转化为务实成果。深化互联互通，完善陆、海、天、网“四位一体”互联互通布局，深化传统基础设施项目合作，推进新型基础设施项目合作，提升规则标准等“软联通”水平，为促进全球互联互通做增量。深化贸易畅通，扩大同周边国家贸易规模，鼓励进口更多优质商品，提高贸易和投资自由化便利化水平，促进贸易均衡共赢发展。继续扩大三方或多方市场合作，开展国际产能合作。深化资金融通，吸引多边开发机构、发达国家金融机构参与，健全多元化投融资体系。深化人文交流，形成多元互动的人文交流大格局。培育人工智能、大数据、数字金融、电子商务、绿色能源等领域新增长点，着力再打造一批高标准、可持续、惠民生的优质项目，推动各方合作再上一层楼，合力绘就精谨细腻的“工笔画”，共同实现高质量发展。

---

① 习近平：《在党的十八届五中全会第二次全体会议上的讲话（节选）》，《求是》2016 年第 1 期。

第四，统筹考虑和谋划构建新发展格局和共建"一带一路"。加快完善各具特色、互为补充、畅通安全的陆上通道，优化海上布局，为畅通国内国际双循环提供有力支撑。加强产业链供应链畅通衔接，推动来源多元化。民生工程是快速提升共建国家民众获得感的重要途径，要加强统筹谋划，形成更多接地气、聚人心的合作成果。

第五，为国际社会提供更多公共产品。中国的发展得益于国际社会，也愿为国际社会提供更多公共产品。"一带一路"建设，倡导不同民族、不同文化要"交而通"，而不是"交而恶"，彼此要多拆墙、少筑墙，把对话当作"黄金法则"用起来，大家一起做有来有往的邻居。习近平总书记指出，"我们将在传染病防控、公共卫生、传统医药等领域同各方拓展合作，共同护佑各国人民生命安全和身体健康。"① 共建"一带一路"也着力解决发展失衡、治理困境、数字鸿沟、分配差距等问题，让世界各国的发展机会更加均等，让发展成果由各国人民共享。世界银行有关报告认为，到 2030 年，共建"一带一路"有望帮助全球 760 万人摆脱极端贫困、3200 万人摆脱中度贫困。我们将本着开放包容精神，同愿意参与的各相关方共同努力，把"一带一路"建成"减贫之路""增长之路"，为人类走向共同繁荣做出积极贡献。

① 习近平：《同舟共济克时艰，命运与共创未来——在博鳌亚洲论坛 2021 年年会开幕式上的视频主旨演讲》，《人民日报》2021 年 4 月 21 日第 2 版。

二 “一带一路”倡议与欧亚国家战略对接[①]

2018年5月17日，在哈萨克斯坦阿斯塔纳经济论坛期间，中国与欧亚经济联盟及其成员国代表共同签署了《中国与欧亚经济联盟经济贸易合作协定》（以下简称《合作协定》）。这是2015年5月中国国家主席习近平和俄罗斯总统普京在莫斯科签署《中华人民共和国与俄罗斯联邦关于“丝绸之路经济带”建设和欧亚经济联盟建设对接合作的联合声明》（以下简称《联合声明》）以来，双方对接合作取得的又一个实质性成果。《合作协定》既是中国与欧亚经济联盟及其成员国经贸合作领域的一项重要制度安排，也在当前美国贸易保护主义抬头带来的“逆全球化”思潮中发出响亮的中国声音，为区域经济合作注入新力量，带来新动能，具有十分重要的积极意义。

---

① 本部分作者系张子特，中国社会科学院研究生院俄罗斯东欧中亚研究系博士研究生；徐坡岭，中国社会科学院俄罗斯东欧中亚研究所俄罗斯经济研究室主任、研究员；那振芳，辽宁大学世界经济专业博士研究生。本部分内容见张子特《“一带一路”建设与欧亚经济联盟建设对接合作取得新成果》，《欧亚经济》2018年第5期；徐坡岭、那振芳《亚美尼亚经济一体化选择及在“一带一路”建设中的机遇》，《俄罗斯学刊》2018年第1期。

（一）《中国与欧亚经济联盟经济贸易合作协定》谈判的背景与过程

"一带一路"建设与欧亚经济联盟建设对接是中俄两国领导人着眼于国际国内需要作出的重大战略决策，是加强区域合作的一项重要举措。2015 年 5 月 8 日，中俄两国元首在莫斯科签署《联合声明》，宣布"中方支持俄方积极推进欧亚经济联盟框架内一体化进程，并将启动与欧亚经济联盟经贸合作方面的协议谈判"。同时，《联合声明》还就对接合作提出了一系列具体内容，包括扩大投资贸易合作、促进相互投资便利化和产能合作、加强互联互通基础设施建设、实现本币结算和本币互换、推动区域和全球多边合作等。从《联合声明》的名称看，这是中俄两国签署的关于中国与欧亚经济联盟开展合作的相关安排，是由俄罗斯代表欧亚经济联盟所有成员国以及欧亚经济委员会作出的决定。从时间上看，《联合声明》签署的同日，时任吉尔吉斯斯坦总统阿坦巴耶夫刚在莫斯科签署加入欧亚经济联盟的协议，而欧亚经济联盟也仅于 5 个月前的 2015 年 1 月 1 日才宣告正式启动。这一方面体现出俄罗斯在欧亚经济联盟中毋庸置疑的主导地位，另一方面也显示出俄方希望开展对接合作的迫切性和主动性。俄之所以在联盟刚刚运作不足半年的时间便强力推动对华合作，与当时的国际大环境是分不开的。

第一，乌克兰危机后俄经济快速下滑，维持联盟运行乏力。可以说，欧亚经济联盟有些生不逢时。其宣告启动的 2015 年正值乌克兰危机后俄罗斯与西方开展相互制裁，加之国际油价下跌，俄罗斯经济雪上加霜，快速滑坡。而欧亚经济联盟之所以能够成立，主要是靠俄罗斯的主导和安排，特别是经济上对联盟其他成员的扶持。受乌克兰危机影响，2014—2015 年，俄罗斯卢布大幅贬值，经济滑坡，殃及联盟其他成员国。哈萨克斯坦、白俄罗斯、亚美尼亚、吉尔吉斯斯坦经济均受到很大程度的拖累。俄再想像之前那样通过承诺各类贷款、免债、大资本投入等凝聚联盟其他成员已是有心无力。联盟的稳固性遭受考验，俄迫切需要为联盟发展寻找出路。

第二，俄外交战略转为“向东看”，参与“丝绸之路经济带”建设主动性增强。2013 年中方提出共建“丝绸之路经济带”和“21 世纪海上丝绸之路”倡议之后，俄方并未给予实质性的支持，表态不够“积极”。除当时俄方对“丝绸之路经济带”倡议不够了解之外，更主要的原因还是其对俄主导以外的、涉及原苏联地区的政治经济合作具有的天然警惕和排斥。俄顾虑中国与中亚及其他欧亚国家更深的交流往来会削弱其在该区域的影响；中方推进交通基础设施建设和互联互通会进一步畅通经中亚国家到欧洲的物流线路，进而分流西伯利亚大铁路以及其他俄境内陆海传统运输线路的货源等。

随着乌克兰危机持续演进，美国等对俄罗斯制裁进一步加强，俄国际空间被压缩，国内经济深陷衰退，促使俄重新审视其外交战略，增强对亚洲国家的借重与合作，首先便是加强与中国的合作。以普京为首的俄精英阶层认识到中方“丝绸之路经济带”倡议共商、共建、共享的诚意，看到中方倡议的生命力和与俄经济发展的高度契合。此后，在双方签署的《关于全面战略协作伙伴关系新阶段的联合声明》中，俄明确表示，“俄方认为，中方提出的建设‘丝绸之路经济带’倡议非常重要，高度评价中方愿在制定和实施过程中考虑俄方利益”。[①] 由此，中俄双方进一步协调立场，凝聚共识，为《联合声明》的出台和《合作协定》谈判打下坚实的政治基础。

---

① 《中华人民共和国与俄罗斯联邦关于全面战略协作伙伴关系新阶段的联合声明》，https://www.gov.cn/xinwen/2014-05/20/content_2683144.htm。

2016 年 6 月 25 日，中国商务部与欧亚经济委员会在北京签署《关于正式启动中国与欧亚经济联盟经贸合作协议谈判的联合声明》，宣告谈判正式启动。同年 8 月，中国与欧亚经济联盟经贸合作协议专家技术磋商在北京举行，双方商定了谈判整体安排、协议框架、谈判工作组、谈判范围和原则，为首轮谈判作了相关准备。2016 年 10 月，《合作协定》首轮谈判在莫斯科成功举行。此后，双方于 2017 年展开了密集的 4 轮谈判和部长级磋商。2017 年 1 月，第二轮谈判在北京举行，双方扩展了参与谈判的部门和人员，更深入地就相关议题进行磋商，欧亚经济委员会相关部门以及欧亚经济联盟所有成员国代表悉数到京，部分议题取得实质性进展。2017 年 4 月，第三轮谈判在莫斯科举行，双方就 9 个议题文本进行磋商并交换了信息。2017 年 7 月，第四轮谈判在莫斯科举行，双方进一步协调立场，缩小分歧。2017 年 9 月，第五轮谈判在杭州举行，双方就全部议题进行了收尾，妥善解决遗留分歧，最终确定了《合作协定》文本。

谈判期间，双方就相互关注的重点、焦点问题进行了两次部长级磋商，尽管欧亚经济联盟成员国之间利益交织、协调困难，但各方还是本着求同存异的原则统一了立场，巩固了已有成果，推动谈判取得突破性进展。2017 年 10 月 1 日，中国商务部部长钟山与欧亚经济委员会贸易委员尼基申娜在杭州签署《关于实质性结束中国与欧亚经济联盟经贸合作协议谈判的联合声明》。从 2016 年 10 月首轮谈判启动到 2017 年 10 月实质性结束，两方六国的团队仅用时 1 年即完成了这一优质高效的谈判。其中，中方涉及商务部、发展和改革委员会、财政部、海关总署、原工商总局、原质检总局、原国家知识产权局、原国家版权局等多个部门，欧亚经济联盟方更涉及欧亚经济委员会以及联盟各成员国之间的复杂立场协调。

在谈判过程中，双方在部分问题上存有分歧，最终通过彼此协商达成一致。例如，欧亚经济联盟方曾提出，相关各国海关应在限定时间内完成通关验放工作，但在实际操作中不分货物性质规定验放时间，以当前联盟各成员国的海关基础设施、信息交换水平和日常操作方式看，显然难以达到。对方还提出，要交换双方所有法律法规的英文文本，这也超出了双方的实际工作能力。在贸易救济规则上，欧亚经济联盟方曾提出，当中方对联盟发起反倾销、反补贴等贸易救济调查时，仅能针对单一成员国进行，而当联盟对中方进行相关调查和作出裁定时，则由联盟代表所有成员国整体发起，这显然严重违背了公平原则，也是中方不能接受的。除以上分歧，通过《合作协定》的谈判，还可以看出：

第一，欧亚经济联盟各成员国的主权让渡还不够清晰。按照欧亚经济联盟的成立原则和制度安排，各成员国将一部分经济主权让渡给联盟，由联盟代表各成员国统一对外开展谈判磋商。此外，联盟还设置了较为完善的组织体系，分工负责各方面事务。但实际上，在分议题磋商后，联盟和成员国对哪些议题和议题中的哪些部分可由联盟代表，哪些需要成员国直接商谈语焉不详。最终，所有谈判不得不既有欧亚经济委员会代表又有所有成员国代表出席，联盟方谈判队伍之庞大可想而知。

第二，俄罗斯对《合作协定》抱有过高期望。俄方对《合作协定》的期望很高，迫切希望通过达成《协定》提升联盟一体化水平，提升区域经济合作水平，希望商签一个高水平的贸易便利化安排。为此，俄方甚至在磋商中提出超越 WTO 规则的意图。这主要是由于俄受美国等西方国家制裁，经贸领域承压巨大，而当时正值美国等西方国家积极推进《跨太平洋伙伴关系协定》（TPP）和《跨大西洋贸易与投资伙伴协议》（TTIP）谈判，意图重构国际经贸规则，排挤俄罗斯。因此，俄迫切希望借成功谈妥《合作协定》对冲上述压力，争夺国际经贸规则话语权。但俄似乎忽略了自身和欧亚经济联盟其他成员国的经贸发展水平，如果最终达成一份各国无法做到的协议，则《合作协定》势必成为空中楼阁，其效果也将大打折扣，更无法为欧亚地区贸易便利化带来有益贡献。因此，基于对俄罗斯及相关成员国客观实际情况的了解，相关表述最终没有纳入《合作协定》。

第三，俄罗斯及欧亚经济联盟成员国对与中方开展高水平经贸合作还有所顾忌。谈判伊始，俄方和联盟其他成员国就明确拒绝在谈判中涉及关税减让议题，甚至在最后确定《合作协定》文字表述时，也不同意纳入《联合声明》中已提出的“研究推动建立中国与欧亚经济联盟自贸区这一长期目标”这种涉及自贸区的表述。究其原因，还是中国与欧亚经济联盟成员国经济发展水平差距较大，中方强大的生产制造能力让联盟成员国有所顾忌。一方面，欧亚经济联盟成员国希望尽快与中方达成相关安排，搭乘中国经济快车，加快进入中方市场，分享中国经济发展红利；另一方面，又担心一旦涉及关税减让，中方大量质优价廉的商品进入联盟成员国市场，对本国产品和相关产业造成较大冲击。

（二）《中国与欧亚经济联盟经济贸易合作协定》的成果与意义

此项《合作协定》涵盖13个章节，旨在减少双边非关税贸易壁垒，提高贸易便利化水平，完善经贸规则，加强部门间合作。除总则、机制条款和最终条款外，还包括透明度、贸易救济、技术性贸易壁垒、卫生和植物卫生措施、海关合作与贸易便利化、知识产权、竞争、政府采购、部门合作、电子商务等方面，是中国与欧亚经济联盟及其成员国达成的一个比较全面的高水平贸易便利化安排。虽然其中没有涉及关税减让、服务贸易、投资等，但在非关税贸易壁垒、通关便利、检验检疫合作、知识产权、政府采购、电子商务等方面仍体现出谈判各方的努力和诚意。

一是《合作协定》完全按照 WTO 规则，农业、反倾销、海关估价、保障措施、补贴与反补贴、卫生与植物卫生措施、技术性贸易壁垒、与贸易有关的知识产权等均明确按照 WTO 协定及其相关附件中的规定。同时还规定，如本协定与 WTO 协定有分歧，则分歧部分以 WTO 协定的规定为准。这样的安排，既照顾了俄罗斯较高的期望值，也让其他欧亚经济联盟成员国可以接受，更方便签署方中非 WTO 成员国对照国际标准，进一步与国际接轨，在经贸安排方面熟悉国际规则，享受相应的贸易便利。

二是健全了合作机制。《合作协定》对中国与欧亚经济联盟开展经贸合作作出了机制安排。双方将建立联委会制度，就协定涵盖事项进行协商讨论，跟踪协定的执行。同时，根据各领域合作需要，增设分委会或工作组，就专题事项征询意见、研究提出建议。特别是如果在海关协作方面设立分委会，可以更好地确保已达成便利化措施的实施，并跟踪评估执行情况，进一步加强合作。联委会和分委会及工作组的机制设置是对《合作协定》执行的有效保障，也是对《合作协定》落实作出的重要制度安排，体现签约双方履约的诚意和信心，为今后商谈更高水平的贸易便利化措施作出预先安排。

三是赋予双边优惠更高的特殊性。《合作协定》提出，如果中国与欧亚经济联盟某一成员国缔结的双边协定较本《合作协定》有更为优惠的待遇，则以更优惠的待遇为准。这一安排得到联盟成员国的普遍欢迎。随着“一带一路”建设的推进，域内国家必将进一步分享中国的经济发展成果，双边贸易便利化安排会根据实际合作需要进一步深入，部分合作领域的互惠安排很有可能超越《合作协定》中的规定。因此，对双边优惠给予更大的豁免和特殊照顾，符合联盟各成员国利益。

四是加强合作深度。双方将进一步加强在知识产权、打击假冒商标、保护产品专利等各类权益方面的合作，营造良好的营商环境。《合作协定》还充分考虑到中国和欧亚经济联盟成员国知识产权规则的差异性和发展现状，对相关消费者权益保护、个人信息保护以及涉及的技术合作作出了规定，符合当前双方合作发展的实际需要。

五是部分合作领域有新突破。值得关注的是，中方首次同意在政府采购的信息交流和信息公布方面作出更大承诺，既体现中国与欧亚经济联盟及其各成员国的高度互信，也充分表明中国进一步扩大开放的信心和决心。《合作协定》还涉及电子商务和竞争等领域的新议题。随着近年中国和欧亚经济联盟成员国电子商务领域的快速发展，中国与联盟成员国跨境电商日益繁荣。欧亚经济联盟各成员国都感到迫切需要在电子商务领域加强合作，此次《合作协定》作出相关安排，有利于规范电商领域经营活动，推动这一新型贸易方式平稳健康发展，为欧亚经济联盟地区消费者带来更舒适的消费体验。

当前，中国“一带一路”建设如火如荼，欧亚经济联盟成员国均位于“丝绸之路经济带”沿线，是“一带一路”建设的重要合作伙伴，也是中国推进道路基础设施、贸易投资合作、产能合作的重点地区，中亚国家更是中国西部安全的重要屏障。通过深入推进与域内国家的全方位经贸合作，帮助相关国家提高经济发展水平，增强国家治理和维护本国社会安全的能力，也是“丝绸之路经济带”建设推进的作用之一。中国处于进一步扩大改革开放的关键时期，正抓紧实施自由贸易区战略，持续推动经济全球化，欧亚经济联盟作为全球范围内区域经济一体化的重要组成部分，中国与其建立经贸制度性安排意义重大。

第一，《合作协定》是“一带一路”建设和欧亚经济联盟建设对接的重要实质性成果。2015 年双方签署《联合声明》决定开展对接谈判是进一步推动全球化发展、加强区域经贸合作的重大举措。欧亚经济联盟领土面积达 2000 万平方公里，人口

1.7亿，天然气和石油储量分别占全球的20%和15%，中国与联盟及其成员国经济互补性强，经贸合作潜力巨大。以往，中国与欧亚经济联盟及其成员国之间的合作成果更多地体现在相互间的合作项目上，而《合作协定》作为中国与欧亚经济联盟首次达成的经贸方面的重要制度性安排，标志着中国与联盟及其成员国经贸合作从项目带动进入制度引领的新阶段，对于推进“一带一路”建设和欧亚经济联盟建设对接合作具有里程碑意义，也是对接合作取得的重要早期收获。

第二，《合作协定》的签署在当前美国发起的贸易保护主义和“逆全球化”思潮中发出了响亮的中国声音。众所周知，特朗普政府上台后，奉行所谓“美国优先”原则，以推动贸易自由之名行贸易保护之实，极大地拖累了世界贸易发展和经济全球化，其所带来的“逆全球化”思潮为各国推进贸易便利化带来了极大的阻碍。在这种背景下，中国与欧亚经济联盟及其成员国达成《合作协定》，向世界释放了一个积极的、明确的信号，表明中国一如既往支持经济全球化、维护多边贸易体制、推动贸易自由化便利化的主张和态度，充分展现了中国的大国责任和担当。同时，《合作协定》作为发展中国家之间的经贸安排，有利于增强新兴经济体在全球经济治理中的话语权，更好地维护发展中国家利益。

第三，《合作协定》为地区贸易便利化打下坚实基础，有利于各方享受开放的红利。《合作协定》的达成体现了中国与欧亚经济联盟及其成员国发展互利共赢经贸关系的诚意，有助于双方经贸关系取得新的更大的发展。俄罗斯科学院世界经济与国际关系研究所研究员谢尔盖·卢科宁表示，《合作协定》符合俄罗斯利益，俄经济发展将从中受益。通过《合作协定》，中国将与欧亚经济联盟各成员国进一步开放合作，在相互关心的农业、能源、运输、工业、信息和通信基础设施、技术与创新、金融和环境等领域加强合作广度和深度，也为双方进一步就服务贸易、投资、关税减让、市场准入等开展谈判，进而达成更高水平的自贸安排奠定了基础。双方将通过信息交换和磋商、经验交流、制定联合提案、建立联合项目以及专家培训等多种形式进一步丰富合作方式，让中国和欧亚经济联盟各成员国都享受到经济开放和贸易便利化的红利。

当前，中国与欧亚经济联盟成员国经贸关系发展取得了十分积极的成果。中国连续多年保持俄第一大贸易伙伴国地位。中哈经贸合作也取得长足发展，中国是哈最大的商业贷款来源国、第二大贸易伙伴和第四大投资来源国。中哈产能合作已成为共建“一带一路”国际合作范例。白俄罗斯是中国与欧亚地区国家共建“一带一路”的重要节点，中白工业园是两国元首确定共建的重大战略性项目，被誉为“丝绸之路经济带”上的明珠。中国是吉尔吉斯斯坦最大的贸易伙伴，是亚美尼亚第二大贸易伙伴，中国与两国合作积极推进，发展势头良好。同时，中俄双方正在推动下一阶段的贸易便利化安排。中俄两国将进一步深化互利合作，持续推动贸易自由化和地区经济一体化。上述贸易便利化安排将有效简化欧亚地区国家间通关手续，降低货物贸易成本，既为本地区企业和人民带来实惠，也将为中国与欧亚地区国家经贸合作和进一步推动经济全球化做出积极贡献。

（三）“一带一路”倡议与欧亚国家战略对接的生动案例：中国与亚美尼亚对接合作

在亚美尼亚的对外经济合作伙伴中，中国居于很重要的地位。2010 年中国超过德国成为亚美尼亚的第二大贸易伙伴国，贸易总额为 4.349 亿美元（中国自亚美尼亚进口 0.309 亿美元，对亚出口 4.04 亿美元），超过德国的 3.433 亿美元。

2013 年“一带一路”倡议提出后，中国与亚美尼亚的贸易结构发生重要变化。一方面，2014 年中国成为亚美尼亚的第二大出口市场，其对中国的出口额达到 1.71 亿美元。另一方面，中国作为亚美尼亚进口来源国的地位进一步提升，2014 年亚美尼亚自中国进口 4.175 亿美元，两国贸易额占亚美尼亚外贸总额的 9.86%。对亚美尼亚而言，“一带一路”建设给其带来了一个巨大的需求市场和物美价廉的工业品进口来源地。中国是亚美尼亚对外经济合作多元化发展的一个高质量合作伙伴。除此之外，亚美尼亚在“一带一路”与中国的对接合作中还得到如下益处。

第一，“一带一路”倡议有利于保持亚美尼亚经济独立性。

亚美尼亚经济的自主性和安全性是由其自然资源、国内产业体系和地缘经济环境决定的。目前亚美尼亚经济的支柱是矿业开采、能源电力和侨汇收入。农产品自给率迄今仍没有超过 60%，基础设施也相对破旧，境内公路、铁路、通信和信息服务都因为缺乏资金投入，无法及时更新和进行现代化改造。目前侨汇收入仍占 GDP 总额的 18%—20%，侨汇收入的 80% 来自俄罗斯。电力和其他能源企业目前已经完全由俄罗斯控制。铜矿、钻石、农产品出口带来的外汇收入无法覆盖相当于出口 3 倍规模的进口外汇需求，外贸赤字成为亚美尼亚经济发展的巨大障碍。

作为亚美尼亚最主要的经济合作伙伴，俄罗斯通过对亚美尼亚能源、电力等支柱企业的控制已经基本掌控了亚美尼亚的经济命脉，从资本供给能力和意愿上看，俄罗斯无意投资亚美尼亚的道路、交通等基础设施。“一带一盟”对接，为亚美尼亚商品出口方向、进口替代商品的选择提供了更大的空间。“一带一路”致力于设施联通、资金融通和贸易畅通，可以为亚美尼亚带来更多的基础设施投资和其他产业投资。

对亚美尼亚而言，多元化的出口战略是解决其贸易赤字和经济单方依赖性的关键。亚美尼亚的进口市场具有一种比较好的多元化结构，尽管俄罗斯占据了其进口来源的1/4—1/3，但其将近70%的进口商品是来自欧亚经济联盟之外的国家的。对亚美尼亚而言，出口市场的多元化是其对外经济合作中更加需要重视的问题。

第二，"一带一路"为亚美尼亚解决经济发展核心问题、克服经济发展障碍提供了机遇。

目前，亚美尼亚经济增长需要解决的关键问题是提高积累率和投资率，为经济发展建立良好的产业基础。而要做到这一点，加入外部分工体系，提高出口能力，实现外部平衡至关重要。

目前，亚美尼亚的外部经济分工主要是通过加入欧亚经济联盟，与俄罗斯进行经济分工对接。但在分工关系上，俄罗斯的市场规模、区位优势和产业体系与亚美尼亚的比较优势并不存在良好的互补关系。尽管目前作为欧亚经济联盟成员国，亚美尼亚已经获得了一定的经济福利和经济收益，但这些收益对于提升亚美尼亚经济的技术和产业水平还远远不够。"一带一盟"对接是亚美尼亚发展对外多元经济一体化的良好机遇。

参与"一带一路"合作，可以帮助亚美尼亚从一个内陆国家转型为联通世界市场的多元开放经济体。在亚美尼亚的主要贸易伙伴中，欧盟、俄罗斯和中国的地位最为重要。"一带一路"建设可以拉近亚美尼亚和中国、欧盟这两个世界最大需求市场和产业基地的距离，降低国际贸易成本，从而帮助亚美尼亚成为全球经济循环中的一个多元开放的成员。

亚美尼亚可以借助"一带一路"与欧亚经济联盟的对接，通过外部多元一体化，提高本国经济在国际分工体系中的自主性和抗风险能力。可以借助"一带一盟"对接，成为"一带一路"的一个基础设施节点和产业分工节点，借助"一带一路"带来的市场、资金和技术发展本国经济。目前"一带一盟"对接仍在探索之中，项目对接、金融对接、双边对接和多边对接等对接方案都是可选择项。亚美尼亚可以在这一过程中发挥积极作用。

“一带一盟”对接目前存在双边谈判机制和多边谈判机制的方案选择。俄罗斯坚持多边谈判，力图以欧亚经济联盟的整体力量与中国的单边力量进行博弈。这一谈判机制将大大提高欧亚经济联盟的要价能力，并延长实质性对接的时间，从而有利于欧亚经济联盟提高对外部第三方的壁垒水平。中国一方面同意这种多边机制，但同时为了尽快取得“一带一路”建设的成效，更加倾向于双边的谈判和对接。在欧亚经济联盟成员国中，亚美尼亚作为经济实力最弱的一个成员，也是最缺乏经济自生能力的一个成员，多元化对外经济一体化合作最为符合其自身利益。中国可以在这方面通过与亚美尼亚的双边对接，加速实质对接。

第五部分

机遇与前景

一 “一带一路”倡议为世界注入新动力[①]

（一）“一带一路”倡议向世界提供公共产品

党的二十大报告提出，我们实行更加积极主动的开放战略，构建面向全球的高标准自由贸易区网络，加快推进自由贸易试验区、海南自由贸易港建设，共建“一带一路”成为深受欢迎的国际公共产品和国际合作平台。过去这些年，“一带一路”建设取得的成就举世瞩目，无论是在器物层面还是在理念层面都获得了国际社会的广泛认同，一个重要原因在于它具有国际公共产品的特性。新时代新征程，以惠民生、高标准和可持续为目标的高质量发展将是“一带一路”建设的必然方向。

“一带一路”倡议实施以来，在以习近平同志为核心的党中央坚强领导下，我国统筹谋划推动高质量发展、构建新发展格局，坚持共商共建共享原则，在“五通”相互配合、各自发力之下，推动共建“一带一路”取得实打实、沉甸甸的成果。其中，政策沟通是共建“一带一路”的行动先导与重要保障。倡

---

① 本部分作者系李向阳，中国社会科学院亚太与全球战略研究院院长；史泽华，北京外国语大学国际关系学院副教授，北京中外文化交流研究基地研究员。本部分内容见李向阳《“一带一路”：向世界提供公共产品》，《经济日报》2023 年 1 月 19 日；史泽华《共建绿色“一带一路”：十年成就与未来发展》，《国际论坛》2023 年第 3 期。

议提出以来，中国与有关国家和国际组织充分沟通协调，形成了共建“一带一路”的广泛国际合作共识。基础设施是互联互通的基石，是“一带一路”建设的优先领域。在各方共同努力下，“六廊六路多国多港”的互联互通架构已基本形成，一大批互利共赢项目成功落地，互通互联水平不断提升。贸易畅通是共建“一带一路”的着力点，是推动各国经济持续发展的重要力量。在全球贸易增速总体放慢的背景下，中国与“一带一路”共建国家之间的贸易自由化和便利化水平稳步提升，经贸投资合作不断拓展，贸易方式不断创新，贸易畅通迈上新台阶。资金融通是共建“一带一路”的重要支撑和保障。中国积极与“一带一路”共建国家开展金融合作，推动建立多层次的金融服务体系，为“一带一路”建设提供多元化的金融支持和服务。民心相通是共建“一带一路”的根基和关键。近年来，越来越多的国家积极参与“一带一路”建设是民心相通的具体体现。除了自身建设所取得的成就，“一带一路”建设亦对现行全球治理体系构成了补充和完善。

总的来看，共建“一带一路”是中国为世界提供的重要公共产品。其一，“一带一路”建设以“丝路精神”为指导，以共同发展为目标，为发展中国家参与国际经济合作提供了机遇。其二，“一带一路”共建国中多数属于发展中国家，解决其基础设施与互联互通瓶颈是实现共同发展的必要条件。互联互通为发展中国家实现经济起飞、参与国际分工奠定了基础。其三，多元化合作机制既为不同类型共建国家开展合作提供了便利，也为“一带一路”与现行全球治理体系的对接创造了条件。其四，作为推动构建人类命运共同体的重要实践平台，“一带一路”为解决全球治理赤字开辟了新路径。

当今世界百年未有之大变局加速演变，新一轮科技革命和产业变革带来的激烈竞争前所未有，气候变化、疫情防控等全球性问题对人类社会影响深远。共建“一带一路”的国际环境日趋复杂，但仍面临重要机遇。我们要保持战略定力，抓住战略机遇，坚定不移推动共建“一带一路”高质量发展，把“一带一路”建设成为和平之路、繁荣之路、开放之路、绿色之路、创新之路、文明之路，为推动构建开放型世界经济、人类命运共同体做出新的更大贡献。

第一，以构建健康丝绸之路、推动“小而美”项目建设实现惠民生目标。“一带一路”建设第一阶段的重点是以基础设施为主的互联互通项目。这类项目具有投资规模大、回收周期长的特征。中国推出了健康丝绸之路以及“小而美”项目，这将给普通民众带来直接的收益。未来还要不断深化经济走廊建设，为促进区域发展、提升民生福祉做出更多贡献。

第二，以构建绿色丝绸之路、数字丝绸之路实现高标准目标。绿色丝绸之路建设和数字丝绸之路建设是共建“一带一路”高质量发展的重要内容，也是统筹国内国际两个大局、展现大国责任担当、推动构建人类命运共同体的有力实践，体现了高标准要求，契合了世界经济发展的绿色化和数字化趋势。

第三，以“硬联通”与“软联通”相结合实现可持续目标。可持续是共建“一带一路”高质量发展的重要目标。实现可持续目标是一个系统工程，其中规则与机制化建设是重点内容，要根据合作的需要制定规则、推动机制化建设。面向未来，既要加强基础设施“硬联通”，还要强化制度规则“软联通”，推动共建“一带一路”高质量发展。

以共商、共建、共享为基本原则的“一带一路”建设，是中国为实现世界和平、稳定、繁荣而提供的一项重要公共产品。有别于以规则为导向的其他区域经济合作机制，“一带一路”建设以发展为导向，着力破解“发展缺位”这一全球治理难题。以发展为导向的“一带一路”建设把解决广大发展中国家的发展问题作为重要目标，始终从各国发展的实际需要出发，按照共商、共建、共享的原则，以古丝绸之路为纽带，以互联互通为基础，以正确的义利观为指导，推行多元化的合作机制，致力于打造以利益共同体和责任共同体为基础的命运共同体，推动经济全球化朝着开放、包容、普惠、平衡、共赢的方向深入发展，为世界经济发展注入源源不断的新动能。

与现有国际经济合作机制的规则导向相比，“一带一路”建设的一个突出特征是其发展导向。过去几年来，这一特征正在为国际社会所认同。在现有的国际经济合作机制中，无论是多边合作机制还是区域合作机制都把首先制定规则作为前提条件。这种规则导向固然有利于合作机制的运行，但也带来一个明显的弊端，即许多国家尤其是不发达国家面对复杂的规则门槛难以参与到国际经济合作之中。而以发展为导向的“一带一路”建设则不然，它以共同发展为优先目标，不以设置规则门槛为前提条件。在实践中，它既可以与各国的发展战略对接，又与现行区域经济合作机制并行不悖、相互补充，有力地促进了共建国家乃至世界的发展。

（二）“一带一路”倡议为世界经济注入强劲动力

“一带一路”建设发展导向鲜明，向世界经济注入强劲动力，具体体现在以下五个方面。

第一，“一带一路”建设以古丝绸之路为纽带，奉行丝路精神，充分体现了共商原则。现有的国际经济合作机制，尤其是区域经济一体化合作机制通常是在地理上毗邻、经济发展水平近似、文化上相通、政治上认同的国家之间首先形成的。“一带一路”建设以古丝绸之路为纽带，但又不限于此，从而超越了传统地缘、经济、文化与社会制度因素的限制。延续2000年的古丝绸之路是中国与外部世界商贸和文化交流的主要渠道。在经济全球化时代，古丝绸之路作为纯粹的运输通道并无特殊的价值，但它留给世界的最宝贵遗产是丝路精神，即和平合作、开放包容、互学互鉴、互利共赢。丝路精神意味着“一带一路”建设具有开放性，为广大发展中国家参与国际经济合作提供了机会。

第二，“一带一路”建设以互联互通为基础，为共建国家的经济发展和合作提供了前提条件。在传统的多边与区域经济合作中，地理上的毗邻和经济发展水平的相似性决定了这些国家之间通常并不需要以互联互通为前提。而“一带一路”共建国家则不然，它们中多数属于发展中国家。以六大经济走廊为例，除了新亚欧大陆桥经济走廊中的欧洲国家之外，其他五个经济走廊的共建国家大多属于发展中国家。按照联合国发布的基础设施发展指数，这些国家整体发展水平都比较低。亚洲开发银行的一项研究显示，亚洲经济要保持目前的增长速度，到2030年基础设施建设投资需要的资金高达22.6万亿美元，每年需要1.5万亿美元。如果考虑到应对全球气候变化协议的要求，这一额度还要提高。而多边开发银行为此所能提供的融资规模只能满足其很小一部分。巨大的融资缺口使基础设施发展滞后不仅成为许多国家经济发展的瓶颈，而且也是亚洲区域经济一体化的重要障碍。“一带一路”建设以基础设施建设为抓手，推动互联互通，得到了共建国家的广泛认同和积极参与。

第三，“一带一路”建设以多元化合作机制为特征，适应了共建国家的政治、经济、文化的差异性，体现了共建原则。现有区域经济一体化合作从低级到高级有多种合作机制：自由贸易区、共同市场、经济共同体、政治经济一体化等。但在特定阶段，它们的合作机制都是相同的。而在“一带一路”框架下多种合作机制并存，主要原因是共建国家存在差异性。为了实现共同发展的目标，“一带一路”建设并不寻求构建统一的合作机制，而是接受多种合作机制并存。比如，在中国与东南亚国家的合作中，存在澜沧江—湄公河合作机制、中国—中南半岛经济走廊等合作机制；到了南亚地区，主要的合作机制是孟中印缅经济走廊和中巴经济走廊；延伸到西亚地区，中国与海湾合作组织正在致力于自由贸易区的谈判。由此可见，“一带一路”框架下同一地区有不同类型的合作机制，不同地区之间的合作机制也各不相同。这迎合了一句中国的古话，“遇山开道，遇河架桥”，只为了一个共同的发展目标。

第四，“一带一路”建设以正确的义利观为指导，体现了共享的原则。在规则导向的国际经济合作机制中，合作收益的分配取决于成员国对规则制定的影响力。按照经济学的逻辑，任何规则都是非中性的，谁能主导规则的制定权，谁就能掌握收益的分配权。而中国作为“一带一路”的倡导者和推动者，在推动“一带一路”建设中坚持正确的义利观。义利观是中国儒家的一个伦理学概念，强调以义为先，义利并举。中国把义利观运用到国际经济合作之中，并赋予其新的内涵，如欢迎周边国家搭上中国经济的快车，搭上中国经济的便车；多予少取，只予不取；注重长期利益，避免追求短期目标；企业“走出去”既要获得正常的投资收益，又要树立好名声、好口碑；等等。因此，全面正确理解义利观至少要把握好以下几方面的关系：政府与企业的关系、予和取的关系、长期目标与短期目标的关系、利用现有比较优势与创造新的比较优势的关系。秉承正确的义利观弥补了规则非中性所带来的大小国家利益分配不合理的弊端；同时也为“一带一路”的可持续发展指明了方向。没有“义”，“一带一路”建设将失去应有的价值；没有“利”，“一带一路”建设将不可持续。只有把“义”和“利”有机结合起来，“一带一路”建设才是真正意义上的成功。因此，我们也可以把义利观看成是“一带一路”建设成功与否的一个判定标准。

第五，“一带一路”建设以实现人类命运共同体为目标，同时“一带一路”建设也是构建人类命运共同体的重要实践平台。

大国具有向世界提供公共产品的义务，“一带一路”建设就是中国向世界提供的一项公共产品。按照其功能划分，这种公共产品至少有三个层面的载体：互联互通属于器物层面的载体，多元化合作机制属于制度层面的载体，人类命运共同体则属于理念层面的载体。其中，理念层面的载体最为重要，决定着其他层面载体的形态和属性。构建人类命运共同体是一个长期的和全方位的目标，需要国际社会从伙伴关系、安全格局、经济发展、文明交流、生态建设等方面作出努力。要坚持对话协商，建设一个持久和平的世界；坚持共建共享，建设一个普遍安全的世界；坚持合作共赢，建设一个共同繁荣的世界；坚持交流互鉴，建设一个开放包容的世界；坚持绿色低碳，建设一个清洁美丽的世界。构建人类命运共同体是“一带一路”建设的目标。在这一目标之下，政策沟通、设施联通、贸易畅通、资金融通与民心相通构成了“一带一路”建设的具体目标。与现有的区域经济一体化机制相比，“一带一路”建设的“五通”目标较为宽泛，适应了经济全球化时代经济发展的需要。以推动贸易投资自由化为例，现行的国际经济合作机制注重消除贸易壁垒，而以互联互通为基础的“一带一路”建设则注重消除供应链壁垒。贸易自由化以往的经验显示，降低关税壁垒的速度与贸易增速呈现出同步趋势。但是当全球平均关税壁垒水平下降到目前的5%左右之后，两者间的因果关系可能会脱节。有机构曾对此做过研究，其结论是，相对于降低关税壁垒，减少供应链壁垒对全球贸易的影响更大；后者对 GDP 的促进作用相当于前者的6倍左右。

“一带一路”建设的发展导向使其成为一个有别于现有规则导向的新型国际经济合作机制，从而对世界经济发展产生积极影响。

其一，明晰“一带一路”建设的发展导向有助于消除和减少国际社会对“一带一路”建设的误解和猜疑。目前国际社会对“一带一路”建设还存在各种各样的误解和猜疑。这些误解和猜疑一方面来自于对“一带一路”建设这一新生事物缺乏真正了解。许多人以现有规则导向的国际经济合作机制为参照系去理解“一带一路”建设，担心中国会利用“一带一路”建设挑战现有的国际规则和秩序，其结果必然会感到迷茫和不解。这是一种自然的现象，对此需要我们进行理性解释。另一方面，一些国家对中国的崛起怀有敌意，恶意歪曲“一带一路”建设的动机。对此只有时间能够证明一切。

其二，“一带一路”建设的发展导向决定了它与现有国际经济合作机制不会构成相互替代的关系，而是一种相互补充的关系。眼下，全球性挑战日益突出，但缺乏有效的全球应对，单边主义、保护主义思潮抬头，全球治理体系和多边机制受到冲击。加强全球治理、推动全球治理体系变革，是大势所趋。推动全球治理体系变革的一种途径是在现有的体系内进行，如相关组织规则改革、国际货币基金组织份额的调整等。但这种改革是有限度的，况且发达国家与发展中国家对改革的方向存在着重大分歧。另一种改革的途径就是通过建立新的合作机制弥补现有全球治理体系存在的弊端。“一带一路”建设就属于后者。其发展导向不仅为更多发展中国家参与国际经济合作创造了机遇，而且有助于消除发展中国家经济发展的瓶颈，从而为解决发展赤字等发挥重要作用。

其三，发展导向并不意味着“一带一路”建设不需要任何规则，只是不以规则为前提，不人为地设置规则门槛。任何国际经济合作都需要规则的协调，“一带一路”建设自然也不例外。伴随“一带一路”框架下经济合作的深化，规则或机制化建设必然会应运而生。然而，“一带一路”的机制化建设不能简单地复制现有的国际经济合作机制。这种机制化建设的宗旨是通过合作实现共同发展，因此需要首先奉行共商原则，即规则是由参与者共同制定的。“一带一路”建设不是中国一家的独奏，而是共建国家的合唱。其次，机制化建设要奉行渐进性原则。不同类型国家参与“一带一路”建设的能力和范围各不相同，不同领域的合作进展也不会是同步的，因此需要基于共同发展的目标、奉行共建原则推动渐进性的机制化。最后，机制化建设要奉行正确的义利观，实现共同发展，体现共享的要求。

（三）“一带一路”为全球环境发展助力

“一带一路”倡议从一开始就含有深厚的绿色基因。众所周知，习近平主席在2013年9月、10月分别访问哈萨克斯坦和印度尼西亚期间首次提出“一带一路”倡议。访问哈萨克斯坦期间，他在纳扎尔巴耶夫大学演讲后回答学生提问时强调：“我们既要绿水青山，也要金山银山。宁要绿水青山，不要金山银山，而且绿水青山就是金山银山。我们绝不能以牺牲生态环境为代价换取经济的一时发展。”① 之后，中国在推动“一带一路”绿色发展的道路上迈出了日益坚定的步伐。从2015年3月《推动共建丝绸之路经济带和21世纪海上丝绸之路的愿景与行动》中将“共建绿色丝绸之路”列为重点合作内容，到2016年6月习近平主席访问乌兹别克斯坦时提出携手打造“绿色丝绸之路”倡议，再到中国政府先后于2017年4月和2022年3月发布《关于推进绿色“一带一路”建设的指导意见》和《关于推进共建“一带一路”绿色发展的意见》两个专项政策文件，绿色“一带一路”从整个“一带一路”合作规划中脱颖而出，成长为拥有完备政策体系的专有领域，经历了由初生到成长的全过程。在《关于推进共建“一带一路”绿色发展的意见》中，推动“一带一路”绿色发展被确定为中国积极应对气候变化、维护全

① 《让绿水青山造福人民泽被子孙》，《人民日报》2021年6月3日第1版。

球生态安全的“重大举措”和共建“一带一路”高质量发展、构建人与自然生命共同体的“重要载体”。这一表述展示出中国政府对大力推进绿色“一带一路”建设的高点定位和必成决心。值此“一带一路”倡议提出十周年之际，有必要对绿色“一带一路”建设进行经验总结，以更好地开启中国作为“全球生态文明建设重要参与者、贡献者、引领者”的新征程。

绿色“一带一路”概念的提出为“一带一路”合作机制的升级转型注入了新动能。近年来，绿色“一带一路”在适应全球绿色发展需求、夯实合作共识基础、推动共建国家间务实合作方面取得了一系列令人瞩目的成就，在清洁能源、绿色基建、绿色交通、生态保护等重点合作领域落地生根、亮点频现，引领和带动了“一带一路”建设体系的持续绿色低碳化提质升级，为下一步形成具有强大战略自持能力和风险抵抗能力的“一带一路”绿色发展新格局打下了坚实的基础。绿色“一带一路”的建设成就具体表现在以下方面：

首先，推动了“一带一路”倡议对接伙伴关系的持续扩容。国与国之间的战略对接是“一带一路”政策沟通的首要领域，而发展共识的凝聚又是形成战略对接的基础和先导。在“一带一路”前期建设中，中国与共建国家间发展共识的主要凝聚点是彼此在贸易自由化和经济全球化看法上的一致性。绿色“一带一路”概念的脱颖而出，为夯实国家间合作基础、加强共识、推动新的战略对接提供了新的机遇。

其次，提升了“一带一路”发展中合作伙伴的绿色发展能力。在全球性绿色发展大潮中，广大发展中国家无论发展阶段和发展能力如何，都有借新一轮科技革命和产业变革之机追求经济跃升的雄心。但在技术、资金和能力皆有不足的背景下，借“一带一路”绿色低碳升级之机实现本国经济的联动转型，对于许多中国的发展中合作伙伴来说是不可多得的机遇。与传统的灰色对接相比，绿色发展合作项目往往更充分考虑生态环境约束条件和承载力问题，更能与共建国家的绿色发展战略深度契合，也更容易在技术层面嵌入“一带一路”合作规划。

再次，形成了“一带一路”绿色发展合作项目“多点散发”的空间布局。项目是实施战略与规划的最基本的单元和载体。共建项目在基础设施、经贸、投资、金融、人文等各领域的数量、质量和布局，直接反映出“一带一路”建设的质量和水平。近年来，随着一大批绿色发展合作项目在共建国家顺利落地实施，绿色“一带一路”已成为“一带一路”进入高质量发展阶段后中国与共建国家拓展共同利益的重要孵化器。“一带一路”绿色发展合作项目布局呈现“一点深入、多点散发”的星火之势。

最后，强化了“一带一路”民心相通的关系纽带。“一带一路”是否有长久的生命力，关键要看其能不能在当地社会扎根，让共建国家社会和民众有实实在在的获得感。以往，人们在评估“一带一路”合作成效时，往往会习惯性地首先考虑项目的经济效益，而在绿色“一带一路”概念提出以后，社会效益（民生）和生态效益（绿色）因素被双双强化。在《对外投资合作建设项目生态环境保护指南》中，中方鼓励对外投资企业采用“国际通行规则标准”或“中国更严格标准”，要求企业对并购类和建设类项目实施“全生命周期”的绿色化管理，并对石油化工、矿山开采、交通基础设施建设等环境风险较高行业项目的污染物监测和处置等问题进行了详细的规定。文件还鼓励企业积极开展清洁生产、绿色价值链、绿色认证等工作，报告生态环境保护合规信息以及加强信息发布和经验共享等。在政府部门要求和指导下，“走出去”的中国企业也自觉提高了投资中的环境标准。除了激发中国与“一带一路”传统伙伴之间的关系潜力之外，绿色共建还在很大程度上消解了这些国家对“一带一路”的对冲意识，强化了国家间民心相通的关系纽带。

作为“一带一路”提质升级的重要抓手和突破口，共建绿色“一带一路”既是大变局下中国主动适应新一轮科技革命和产业变革而进行的国际合作创新之举，也是“一带一路”从谋篇布局的初始阶段向精耕细作高质量发展阶段转型升级的必然要求。承载着“既要让自己过得好，也要让别人过得好”的人类命运共同体实践逻辑，对于新兴市场和发展中国家而言，参与共建绿色“一带一路”可以带来实实在在的好处，使其在实现绿色梦想、抓住追赶周期的过程中拥有更强的动力和信心。对于大多数发达国家而言，事实也将证明，积极参与共建绿色“一带一路”所带来的收益会远远高于成本，机遇会远远大于风险。在动荡变革期内的多重危机之下，没有一个国家可以独善其身，也没有一个国家可以独自完成发展所需要的所有创新。未来几年，中国和“一带一路”共建国家有必要继续牢牢抓住绿色发展的重要战略机遇期，不忘初心、砥砺前行，共同应对有可能危及全球绿色治理的各种挑战，朝着共同构建人与自然生命共同体迈出更坚定的步伐。

二　“一带一路”与上合组织协调配合实现共治[①]

面对新时代，上合组织提出了一系列新的目标与任务，其中中国国家主席习近平倡议的构建上合组织命运共同体，受到成员国和国际社会的高度关注。要在上合组织地区共同构建命运共同体，只有诉诸实践才能真正成为现实，而具体的合作实践需要各种各样的平台来支撑，除了双边合作机制以外，上合组织框架内的多边平台能够起到的作用不可替代。习近平主席在2020年上合组织视频峰会上又提出建设卫生健康、安全、发展和人文“四个共同体”，提出促进上合组织发展的“中国方案”，丰富了人类命运共同体的深刻内涵。[②] 同时，中国领导人提出的“一带一路”重要倡议与构建地区国家命运共同体也可以相互促进，既可以促进上合组织成员国的战略对接和地区互联互通网络项目的落实，也可以扩大成员国政府和民间组织在各个领域、各个层次上的相互交往，有助于为在具体的地理空间构建人类命运共同体提供良好示范和合理路径。

---

① 本部分作者系孙壮志，中国社会科学院俄罗斯东欧中亚研究所所长。本部分内容见孙壮志《上海合作组织命运共同体：时代内涵与路径选择》，《欧亚经济》2021年第1期。

② 《携手打造更加紧密的上合组织命运共同体》，《人民日报》2020年11月12日第1版。

（一）打造完善全球和地区治理的重要平台

新兴国家的群体性崛起是百年未有之国际大变局的主要标志之一。而全球治理和国际合作则需要更加符合时代要求的多边机制，能够维护多边体系和多边主义，应对个别西方大国鼓吹的单边主义和贸易保护主义。这就需要一种代表大多数国家利益的国际合作理念，构建新型国家关系，寻找一条互利、共赢、包容、互鉴的国际合作新路。全球治理与地区治理不可分割，世界各国构建人类命运共同体也离不开地区命运共同体的支持。上合组织作为中国、俄罗斯和中亚国家创建的新型综合性区域合作机制，彻底摒弃“冷战”遗留的陈旧思维，以“上海精神”为引领，可以成为完善全球和地区治理的重要平台。

1. 积极应对全球化面临的新课题

“冷战”以后全球和地区治理进入一个新的历史时期，虽然“一超多强”的国际格局还会维持相当长一段时间，当前全球治理的基本架构也是20世纪50年代形成的，但是完善全球治理体系，对联合国、世界贸易组织等进行改革也早已提上日程，对新兴市场国家和发展中国家来说，希望国际秩序能向更加公正合理的方向发展，避免全球的财富和规则制定权掌控在少数发达国家手里，造成南北差距越来越大、发展中国家越来越贫穷落后的结果。上合组织是全球化的支持者，成员国都是新兴市场国家和发展中国家的代表，主张顺应世界和时代的发展潮流，反对霸权主义和单边主义。

在推动全球治理和国际合作的进程中，要看到“冷战”后全球化进程面临的新课题。全球化本来是美国推出的一个概念，企图以此构造一个崭新的世界秩序。从16世纪初“地理大发现”以来，世界都是由欧美国家来主导，而且主要通过战争手段决定霸权的更替。"冷战"后和平竞争的时代似乎真正到来，但是欧美发达国家并没有与过去的历史和旧有的思维一刀两断，西方主张的全球化并没有给多数国家带来平等的发展机会。以美国为首的发达国家企图通过控制资本和技术以及相关的制度设计（世界贸易组织、世界银行、国际货币基金组织等），实现对产业链高端部分的垄断和控制，让欧美之外的广大发展中国家承担产业链的低端部分。

以产业分工和自由贸易的名义，通过这种不平等的产业链定位，欧美继续对全球实施经济上的"盘剥"，赚取超额利润。这也导致所谓的全球化并非是真正实现普惠、开放的全球化，而是将全球分裂为"敌我""主仆"对立的两个部分，成为一个不合理的二元结构。当新兴市场国家群体性崛起要打破这个二元结构以后，美国又从全球化的鼓吹者变成全球化的反对者。其实，美国的根本目的只有一个，就是维护美国狭隘的国家利益，维护美国经济上的霸权地位。

2. 借助上合组织推动完善地区治理体系

当今世界，完善全球治理体系的呼声越来越高，而上合组织成员国都是积极参与者。全球治理离不开地区治理，全球治理体系的完善也要从地区治理体系的改革和建构开始。上合组织实际上就是要在一个缺少稳定治理结构的区域建立起有威望的治理体系。地区治理面临的问题既有全球共有的，也有地区独有的，甚至是有的国家问题外溢的或者是地区外传入的①。地区治理与全球治理的关系在宏观上不能分割，但在具体问题的解决上则更为紧迫。

在地区治理体系构建过程中上合组织扮演了特殊的角色，

---

① 张蕴岭：《国际治理向何处去》，《世界知识》2019 年第 20 期、第 22 期、第 24 期。

在其覆盖的占欧亚大陆近 3/4 的广袤区域中，实际上已经开始构建或准备启动一些区域或次区域治理体系，包括中亚、南亚，甚至涉及西亚、东北亚和欧洲东部的一部分。在这样一个面积辽阔、人口众多、文化多元的地区之内建立各方都能认可的多边安排，对完善地区治理乃至全球治理体系来说，其重要性和示范意义不言而喻。虽然上合组织发展到今天还不能算是非常成熟的区域机制，不少领域的合作甚至还没有真正起步，尚停留在纸面上，但在解决地区治理的相关问题方面已经作出很多积极努力，并且取得了不小的成绩。上合组织开创的地区治理新范式，倡导用对话和协商的方式解决矛盾冲突，地区国家之间建立牢固的伙伴关系，以合作促安全，以合作求发展，从解决带有共性的地区性问题入手，既包括经济的、安全的，也包括社会政治的、国际关系的，尊重和维护以联合国、世贸组织等为代表的全球体制的权威。

传统的区域合作模式不适合上合组织，因为成员国所在地区的情况特殊，国与国之间的发展差距非常明显，而且随着扩员进程的启动，合作区域进一步扩大到南亚地区，需要解决的问题增多，协调的成本增大。在俄罗斯的坚持之下，新一轮扩员可能再次提上日程，虽然确实有越来越多的国家希望加入上合组织，体现了其特有的吸引力和号召力，但同时，内部协调的难度和决策的成本都在增大，已经影响到合作的效率和成员国之间的团结。上合组织还面临越来越沉重的国际竞争压力，区域内外的各种多边机制和多边框架以及区域外大国也都拿出了有一定吸引力的合作计划。

上合组织倡导的地区治理需要审时度势，提出更有创造力和前景的倡议，同时能够坚持开放的原则，与其他积极的国际合作倡议形成良好的互动关系。中、俄、印三个大国既是上合组织的重要成员，同时也是金砖机制、20 国集团的成员，选择的战略目标更为宏大，也需要一个更加广阔的空间来审视地区治理的相关问题。

3. **上合组织具备成为共同体的条件**

上合组织成立伊始就宣布要探索一种新型的区域合作模式。该组织选择结伴不结盟、不针对第三方的原则，注定不会成为政治军事同盟；选择互利、共赢的原则，对经济发展水平各异的成员国来说，难以在短期内实现一体化，就选择了贸易投资的便利化和自由化，使弱国和小国能够在多边合作中受益。在不同的阶段，上合组织根据地区和国际形势的变化，确定最适合自身的合作任务，如政治合作、战略合作在当前阶段更适合上合组织。建立一种不需要成员国让渡主权、可以形成更加紧密关系的新型区域组织，更符合上合组织地区的实际情况。中国领导人提出了命运共同体的合作选项，作为成员国共同努力的目标，具有特殊的时代价值和现实意义，标志着上合组织注定会成为一种没有先例的国际关系实践。

世界上其他区域组织基本上明确了成为以一体化为方向的地区联盟目标，有的已经实现，如欧盟；有的则名实不符，如南亚联盟。上合组织与这些多边机制有相似之处，都是政府间合作、以多边协议为基础、启动多个会议机制，同时推进经济、安全、政治和人文领域合作，但在很多方面又另辟蹊径，如中国提出构建伙伴关系网络，主张成员国相互依存、共谋发展。在开展合作过程中，成员国以地缘、历史、经济和文化等为纽带，强调开放包容，责任共担，发展一种命运共同体式的合作关系。这是地区的国际关系现状决定的，因为这些国家有着难以分割的历史文化联系，地缘上可以成为一个整体，随着交往增多，彼此的政治经济关系越来越密不可分，相互的理解、认知和友谊越来越深入、牢固。

4. **上合组织命运共同体的时代内涵**

所谓命运共同体，就是强调相互依存、相互信任、相互促进、相互包容，在追求本国利益时能兼顾他国合理关切，谋求本国发展时能带动他国共同发展。从这个意义出发，在上合组织地区构建命运共同体，与成员国共同认可的“上海精神”是一脉相承的。2018 年上合组织青岛峰会上，习近平主席发表重要讲话指出：“‘上海精神’是我们共同的财富，上海合作组织是我们共同的家园。我们要继续在‘上海精神’指引下，同舟共济，精诚合作，齐心协力构建上海合作组织命运共同体，推动建设新型国际关系，携手迈向持久和平、普遍安全、共同繁荣、开放包容、清洁美丽的世界。”① 习近平主席的倡议得到广泛认同，经各方协商一致，“确立人类命运共同体的共同理念”被写入青岛宣言，成为上合组织 8 个成员国最重要的政治共识和努力目标。

在 2019 年 6 月的上合组织比什凯克峰会上，习近平主席又提出把上合组织打造成团结互信、安危共担、互利共赢、包容互鉴的典范，涵盖政治、安全、经济和人文四大合作领域②，这 16 个字充分体现了人类命运共同体的深刻内涵和重要价值。这个新建议对“上海精神”的互信、互利、平等、协商作了进一步的诠释，实际上就是下一步构建地区命运共同体的具体要求与根本依据。习近平主席的概括高屋建瓴，为成员国携手构建更加紧密的上合组织命运共同体指明了努

① 习近平：《弘扬“上海精神” 构建命运共同体——在上海合作组织成员国元首理事会第十八次会议上的讲话（全文）》，《人民日报》2018 年 6 月 11 日第 3 版。

② 习近平：《凝心聚力 务实笃行 共创上海合作组织美好明天——在上海合作组织成员国元首理事会第十九次会议上的讲话（全文）》，《人民日报》2019 年 6 月 15 日第 2 版。

力的方向。

（二）经济与人文合作是建设上合组织命运共同体的基础

虽然上合组织是从安全合作起步，但成员国也非常重视经济合作，希望通过多边合作消除发展中的障碍。习近平主席在以视频方式出席2020年11月10日举行的上合组织元首理事会第二十次会议时发表重要讲话，提出要构建四个共同体，除安全共同体以外，卫生健康共同体、发展共同体和人文共同体①同样具有实践意义，而且对多边合作能够起到直接的支撑作用。上合组织具有成为新型地缘经济体的现实条件，成员国在地理上联成一体，有交通运输的便利条件，另外，成员国中有一半，即4个中亚国家属于内陆国，通过跨国合作能够解决出海通道的问题。中国、巴基斯坦都可以为中亚国家提供交通便捷的港口。从文化上讲，古代中国和中亚、南亚地区有着数千年友好交往的历史，“丝绸之路”就是密切的经济、文化交流的明证。

1. 利用地缘优势，打造发展共同体

中亚作为上合组织多边合作的核心地区，其战略地位历来受到关注，在一定程度上因为它是欧亚大陆的陆路交通枢纽，对大陆上其他部分的对外交往至关重要，无论是欧洲从陆上到达太平洋，还是西亚、东欧向东或向西与大陆两端开展合作，都要经过上合组织地区。也就是说，上合组织打造一个开放、便捷的交通运输体系，对欧亚大陆的整体经济发展和实现互联互通具有十分重要的地缘战略意义。

---

① 《习近平出席上合组织成员国元首理事会会议并发表重要讲话》，《人民日报（海外版）》2020年11月11日。

上合组织成员国相互接壤，近些年来双边经济合作发展迅速，但也面临一些人为的障碍。例如，中国与俄罗斯、中亚国家的双边贸易在上合组织成立后增长十倍到数十倍①，2001 年中国与其他 5 个成员国的贸易总额为 121 亿美元，2011 年达到 1134 亿美元，要保持这样的势头，就必须完善基础设施，及时解决经贸合作中存在的问题。对这些国家来说，地缘的优势如果没有必要的便利化措施就会荡然无存，甚至造成彼此的封闭。上合组织成员国经济发展水平差距很大，产业的国际竞争力和资源禀赋更是严重不平衡，无法按照传统的区域经济合作从自贸区谈判开始，而是选择更适合地区国家实际情况的贸易投资便利化起步。便利化可以使成员国的投资和贸易合作有更多、更好的保障，如通过精简海关和过境程序，有助于成员国之间的贸易往来，密切彼此的经济联系。

2001 年上合组织成立后，首次在阿拉木图举行的总理会议上提出了实现贸易投资便利化的目标；2003 年 9 月的北京总理会议签署《多边经贸合作纲要》，确定了短期、中期和长期任务，成为区域经济合作的指导性文件。以后又通过多边纲要的落实措施计划，确定 11 个领域 127 个项目，尽管对便利化有不同的理解和认识，但从成员国签署道路运输便利化协定，到探讨签署贸易便利化协定的可能性，还是逐步取得了一些实质性的进展。

2. 多双边结合，创造更多合作机会

上合组织成员国经济上可以优势互补，成立近 20 年来双边经贸关系发展迅速，中国与俄罗斯、中亚国家和印度的贸易额

① 中俄贸易 2001 年刚过百亿美元，2018 年达到千亿美元，又提出到 2024 年达到 2000 亿美元的目标；中哈贸易 2001 年仅有 8.3 亿美元，2015 年达到近 150 亿美元，近几年出现波动，但基本保持在这个水平上；中乌贸易 2001 年只有不到 6000 万美元，2019 年达到 76 亿美元。

屡创历史新高，相互投资也日益增多。根据俄方发布的数据，2018 年俄罗斯与中亚国家间的贸易额为 258 亿美元，2019 年超过 300 亿美元。俄罗斯也是中亚的主要投资国之一：累计投资达 200 亿美元，中亚有 1.7 万多家俄资企业。2008—2019 年，俄罗斯对中亚国家的援助超 60 亿美元①。中国同样是中亚国家最大的投资和贸易伙伴之一。但目前经贸合作的水平都是通过双边努力实现的，多边合作无论是便利化建设还是基础设施建设都遇到了不小的障碍，如 20 世纪 90 年代就规划设计的中国—吉尔吉斯斯坦—乌兹别克斯坦铁路迟迟无法落实，对密切成员国的投资和贸易合作没有起到明显的促进作用。上合组织框架内经济合作的潜力需要进一步挖掘，经贸合作由于涉及各国的具体利益，加上俄罗斯和中亚国家经济结构不合理，资源型经济受国际市场价格波动影响，互补性没有显现和激发出来。

对于上合组织经济合作来说，最重要的是解决资金和主体的瓶颈，经济活动具有特殊性，仅靠政府的努力远远不够，需要发挥企业和地方的积极性，特别是要为中小企业参与地区内外的国际合作创造条件。在中方的建议和推动之下，2005 年上合组织成立了实业家委员会和银行联合体，中方还多次利用在华召开峰会和总理会议时举办工商论坛，都是一些非常有益的尝试。近几年，为促进双边经济合作，中国与俄罗斯、中亚国家都提出了新的目标，如中俄确定的在能源、金融、农业、高新技术等领域的合作以及不断落实大型项目，跨界公路桥、铁路桥开工，再如 2020 年上合组织峰会发表的成员国开展数字经济合作的声明。上合组织可以借助双边合作的良好势头，多边和双边相结合，破解跨国合作的难题，不断夯实多边合作的物

① Москва становится Центральной в Азии，https://stanradar.com/news/full/41835 – moskva – stanovitsja – tsentralnoj – v – azii.html.

质基础。

3. 推动人文和民间合作，巩固睦邻友好关系

上合组织在人文领域的合作涵盖领域很广，搭建的平台多种多样，对密切成员国的民间交流、助力政治互信和经济合作能够起到非常积极的作用。在上合组织框架内已经启动了文化、教育、科技、卫生和旅游等多个部门领导人会晤机制，如文化部长首次会晤2002年4月在北京举行，到2020年共举行了17次会晤，还建立了一些独具特色的合作平台，如教育部长会晤机制框架内成立了专家组，同时又组织了上合组织大学，是一个由成员国74所高校组成的非实体合作网络，开办同样的专业，有区域学、生态学、能源学、IT技术、纳米技术、经济学和教育学等，毕业生可以同时获得上合组织大学的文凭。

近些年，上合组织的人文交流活动越来越多，中方做出了积极的贡献。在2017年阿斯塔纳峰会以后，中国接任轮值主席国期间举办了数百场活动，其中多数是人文领域的活动，具有开创性，如2018年在西安举行的人民论坛、在北京举行的妇女论坛和媒体论坛等，都聚焦不同的主题，促进相关组织和机构的交流、合作，受到成员国的欢迎。青岛峰会后中方根据习近平主席的倡议，在青岛建立地方合作示范区，中方为其他成员国培训数千名专业人才。

构建上合组织命运共同体与“一带一路”重要倡议有相通之处，要不断增进民间友好，人文合作占有特殊的位置，后者明确提出“民心相通”，前者要在民众中争取广泛的支持，使成员国人民的友谊世代相传①。上合组织命运共同体与传统区域合作的不同之处在于，其不仅仅是政府自上而下的推动，还要各

① 《上海合作组织长期睦邻友好合作条约》，http://news.cyol.com/content/2018-05/29/content_17238328.htm。

种民间组织，特别是媒体、青年的积极参与。中方建议成立睦邻友好合作委员会，作为公共外交的平台，吸纳更多民间机构和智库学者参加，为上合组织命运共同体建设做出自己的贡献。近年来俄罗斯也肯定上合组织等多边机制对多极世界的“基石”作用，特别强调知识界代表对世界和地区事务的影响力，在东西方合作中强调伙伴关系和非政治化原则①，也与命运共同体的目标并行不悖。

4. 以共同体为引领，深化多领域务实合作

目前在成员国当中，对上合组织命运共同体态度最积极的是巴基斯坦和乌兹别克斯坦，这两个国家都宣布要与中国建设双边命运共同体，同时在成员国中彼此没有历史恩怨，文化交流比较顺畅，民众之间的亲近感比较强。这也说明，要让构建地区命运共同体成为各方都能接受的目标，在政治层面达成共识的同时，应在经济和人文领域多做工作，真正实现“上海精神”所强调的共同发展和相互尊重。由于上合组织明确表示不寻求建立军事政治同盟，不针对第三方，致力于巩固地区内各国的人民友好，实现共同繁荣，因此，确立命运共同体的目标，短期内应在务实合作领域选择合适的目标，解决各国更为迫切的多边合作问题。例如，在新冠疫情长期化的背景之下，多数成员国遭受第二波、第三波严重冲击，上合组织框架内搭建卫生健康共同体，建立成员国共同的公共卫生防护体系等目标就有望率先实现。

上合组织发展到今天，越来越多官方和民间团体获得参与其中的机会，通过不断进行各种人文交流活动，不仅能提升上

---

① Андрей Бакланов. Почему многополярность оказалась хрупкой конструкцией, https://www.ng.ru/kartblansh/2020-01-10/100_09012020_kartblansh.html.

合组织整体的影响和威望，而且能够增强普通民众的获得感和信心，为上合组织命运共同体建设奠定良好的民意基础。由于新冠疫情的影响，上合组织各成员国的经济和社会发展面临的困难增多，民生压力增大，传统和非传统安全威胁交织出现，粮食安全、能源安全、金融安全、环境安全和人口安全等问题更加突出，通过打造具体领域和方向的共同体，也可以深化务实合作，增强组织内部的凝聚力，同时可以体现上合组织作为综合性区域合作组织的特色，既关注经济和社会领域的新问题，也可以更为有效地应对非传统安全领域的新挑战，避免成为地缘政治工具和军事政治集团①。切实探索出一条新型区域合作模式的道路，而且这样的合作方式，也容易为多数成员国所接受和支持。

（三）以多边机制建设为共同体提供支撑

上合组织启动的多边机制，有的实际上在“上海五国”时期就出现了，如外交部长、国防部长会晤，较早的还有执法部门领导人的“比什凯克小组”会议以及边防部门负责人的磋商。2001 年上合组织刚刚成立时，无论是组织的章程，还是常设机构都没有准备好，但各种新的会议机制不断启动，反映出各个政府机构对多边合作的重视。每年都举行元首峰会和总理会议，还举行最高法院院长（已召开 15 次会议）、总检察长（已召开 18 次会议）的定期会晤，甚至召开过议长会议，体现了该组织独特的行动能力。应该看到的是，尽管迄今已经有了数十个多边会议机制，议题足够广泛和丰富，但各领域的务实合作更多需要的是工作和落实机制。

① С. Г. Лузянин. Россия – Китай: Формирование обновленного мира. Москва. Издательство Весь мир. 2018. С. 151 – 152.

1. 共同体建设可以使现有机制更具活力

2004年上合组织的两个常设机构正式挂牌启动，一个是在北京的秘书处，另一个是在塔什干的地区反恐怖机构。两个常设机构的规模相差不多，秘书长和地区反恐怖机构主任的任期都是三年，作为常设机构承担的任务更多是为相应的会议机制服务，也开展一些对外交往。比较而言，上合组织的常设机构避免了机构臃肿、人浮于事的状况，把中文和俄文作为工作语言，实际上照顾到了多数成员国都使用或曾经广泛使用俄语的情况。中方派到常设机构的人员多数熟练掌握俄语，交流比较便利，随着首轮扩员的完成，印度、巴基斯坦加入，也增加了驻常设机构的人员，如果未来能够确定打造命运共同体等的具体目标，常设机构也面临扩大规模、增加职能等问题。

比较其他区域组织，上合组织的多边机制主要是政府间的会晤机制，层次比较高，但存在一些问题：一是部长级的常设机制实际上无法定期举行，有些应该每年召开一次的会议要间隔多年，造成合作缺少连续性；二是会议机制达成的共识缺少落实机制，往往议而不决，只是每次会议发表一个备忘录；三是现有的多边机制虽然数量不少，但比较单一，都带有比较强的官方色彩，基层和民间的参与不足，影响力不大。要切实推动一些具体方向上的共同体建设，多边机制随之也会更为丰富，而且可以产生自上而下的新动力。

2. 疫情蔓延的背景下彰显共同体建设的必要性

作为政府间合作组织，上合组织的多边机制对落实元首峰会签署的协议起到重要作用，随着务实合作的拓展和深入，一方面新的机制不断启动，如近几年召开的农业部长会晤机制、旅游部门领导人会晤机制等，另一方面原有的机制也日趋完善。这些机制都立足于讨论和解决地区内外面临的新的紧迫问题，如2008年国际金融危机爆发以后，2009年12月上合组织召开首次成员国财政部长和央行行长会议，决定共同应对经济困境。2020年新冠疫情暴发后，成员国更加重视加强公共卫生安全领域合作，及时召开卫生部长视频会议，通过《应对新冠病毒肺炎传播的有效措施综述》和《会议成果声明》，充分体现了构建命运共同体的应有之义。

命运共同体是你中有我、我中有你的相互依存关系，国家之间相互联系密切，彼此的认同感强，地缘上、人文上难以分割。上合组织成员国共处在欧亚大陆的东半部，人口相对密集、气候和地理条件复杂，自然灾害和疫病发生的频率较高，考验各国政府减灾、救灾和公共卫生等部门处置问题的能力。上合组织已经开展了减灾、卫生等领域的合作，建立了相应的部长级会晤机制。在“一带一路”框架内中方还倡议共同建设“健康丝绸之路”，也得到多数成员国的积极回应。截至2019年，紧急救灾部门领导人会议已经举办10届，签署了《政府间救灾互助协定》及行动计划。但这种合作更多还是局限在双边范围内，如卫生部长会议只在2010年、2015年举行过两次。2020年中国发生新冠疫情以后，上合组织秘书长诺罗夫发出慰问信，但作为多边机制，没有足够的财力、物力给予出现重大疫情和灾害国家以直接的支持。中亚也是传染病和自然灾害经常肆虐的地区，这些国家往往很难依靠自己的力量渡过难关，希望及时得到国际支持。

2009年10月在北京召开的上合组织总理会议曾通过《上合地区防治传染病联合声明》，强调开展传染病防治合作的重要性，要求成员国采取措施共同应对中方提出鼓励成员国对口机构和专家进行直接交流，加强与世界卫生组织等国际组织的合作，推进全球卫生相关倡议的实施。随着第二波疫情在全球的大规模出现，印度、俄罗斯、巴基斯坦和一些中亚国家再度面临严峻考验，如果上合组织能够在公共卫生领域有所作为，成员国同心协力走出此次新冠疫情带来的一系列影响，将会促进各方就构建地区命运共同体协调立场和行动，同时可以进一步增强该组织的威望和影响。

3．为构建上合组织命运共同体形成机制保障

经过近20年的发展，上合组织走过的不平凡历程代表了区域合作一种新的方向。应该说，随着第三个十年的到来，上合组织应该进入更加成熟的阶段，可以积极落实成员国支持的重大外交倡议，包括中方的"一带一路"建设、构建人类命运共同体，俄方的"大欧亚伙伴关系"等。这些新提出的重大倡议无不把上合组织纳入其中，利用业已存在的多边合作机制及平台发挥支撑和保障作用。第三个十年的上合组织，面对的挑战更多，需要解决的任务更加繁杂，应该由重协商机制建设转向重行动机制建设。

如果要推进命运共同体建设，扩员后上合组织内部机制的薄弱和不足之处就更为明显：作为常设机构的秘书处权责、规模和经费十分有限，与一个拥有广大地域、众多人口的国际组织不相匹配，秘书长无论是在国际场合还是地区事务中影响力都不够；元首会晤和总理会晤形成许多决议，但往往以政治文件的方式宣示，没有真正在执行层面下功夫；部长级会晤取得的成果也常流于形式，没有受到重视。实际上对国际组织来说，机制的设置与完善至关重要。当前，构建上合组织命运共同体更多停留在外交倡议层面，没有形成具体的合作规划和平台，难以展示其具体的实践成果，应该围绕该目标尽快形成和打造一些相关机制，或者为现有机制赋予新的职能，把全新的理念变成指导具体合作的原则，转化成宣传、解读和实践地区命运共同体的具体方案。

2013年9月，中国国家主席习近平在比什凯克峰会上宣布中国成立上合组织睦邻友好合作委员会（以下简称睦委会），呼

吁各国成立类似组织，与中国的上合组织睦委会对接开展工作①。睦委会致力于推动和协助上合组织国家学术、文化机构、社会团体和实业界等开展交流与合作，利用民间外交推动务实合作，达到深化睦邻友好合作的目的，中国上合组织睦委会的常设机构是秘书处。未来可以争取尽快让其他成员国成立类似委员会，在此基础上成立多边人文交流协调机制，为习近平主席提出的人文共同体搭建新的合作平台。睦邻友好是建设上合组织命运共同体的重要前提，体现上合组织长期睦邻友好合作条约提出的重要原则，建立睦委会这样的机制，可以吸纳更多组织和机构参与人文交流，整合现有的合作资源，扩大合作领域，逐步推动和落实习近平主席提出的目标。另外，可以通过加强上合组织秘书处的建设，增设专门的部门负责命运共同体的工作。

4. 完善上合组织命运共同体的法律体系

对多边组织来说，法律体系同样是制度建设的重要组成部分。命运共同体的建设是一个新的框架设计，同样离不开相关法律文本的明确阐释。上合组织是区域合作机制，作为独立的国际行为体开展各种活动需要有法律依据，有自己的行为规范和准则，有的是国际通行的，有的是针对该组织特点专门制定的。基本文件有《上合组织宪章》（2002 年 6 月通过）、《上合组织长期睦邻友好合作条约》（2007 年 8 月签订）等，还有打击“三股势力”的《上海公约》《反极端主义公约》《反恐怖主义公约》以及多个政府间合作协定等。有必要对上合组织框架内 20 年来已签署的条约、公约、协定和声明等文件进行梳理，

① 习近平：《弘扬“上海精神”促进共同发展——在上海合作组织成员国元首理事会第十三次会议上的讲话》，《人民日报》2013 年 9 月 14 日第 2 版。

确定下一步制定和修订法律文件的程序。在这方面也要多边与双边相结合，随着《中俄睦邻友好合作条约》的到期顺延或续签，与中亚国家的类似条约也陆续到期，面临同样的问题在磋商具体修改内容的过程中，应该把合作建设命运共同体的具体措施涵盖进去扩员后宪章、长期睦邻友好合作条约等需要进行修订，充实内容时也应与命运共同体相关。在吸纳印度、巴基斯坦成为新成员之后，上合组织不会停止扩员的步伐，随着成员的增多，上合组织的合作空间进一步扩大，国际影响力进一步提升，但决策的效率会受到影响，成员国之间的矛盾可能影响内部的团结，需要在法律上规范合作的议程，明确解决内部争端的原则和办法，同时加强对成员国，特别是对新成员国的约束力，也能够促进地区命运共同体意识的形成。

在构建上合组织命运共同体的法律体系方面，应该明确，以前通过的合作文件可以作为基础，命运共同体也不是一个虚置的国际政治概念，是区域国家确定的合作目标和方向，更是多边合作的一种具体实践，其在多个层面展开，不同阶段有不同阶段的任务。与成员国良好的双边关系相互促进，由各种各样相关的多边和双边法律文件共同规范，相关机制的运行一方面要以法律文件为基础，另一方面可以保证已经通过的法律文件顺利落实。在接纳新成员国或者开展对外合作过程中，是否承认命运共同体的原则和理念，同样应该是一个基本的依据。

（四）构建上合组织命运共同体的几点思考

构建上合组织命运共同体是一项长期的任务，在取得广泛共识的基础上，各成员国要在政治、安全、经济和人文等各个领域通过深化务实合作，使这一目标能够逐步成为现实。建设上合组织命运共同体，既是典型的“中国智慧”“中国方案”，也是地区国家共同的心声和愿景。

第一，要树立命运共同体的合作理念，为“上海精神”注入新的时代内涵。“上海精神”倡导互信、互利、平等、协商，尊重多样文明，谋求共同发展。2011 年《中国的和平发展》白皮书提出，要以命运共同体的新视角寻求人类共同利益和共同价值的新内涵①。随着时代的发展变化，国与国之间的联系更为紧密，相互之间的依存度更高，面临的挑战更加复杂多变，需要树立新的合作观、发展观、文明观、安全观和全球治理观。通过这些新的理念，凝聚成员国的共识，为处理好相互间的关系提供基本的准则和依据。命运共同体应该是以求同存异为基础，首先是一种集体的意识，是一种行动的自觉，要承认和尊重成员国之间的差异，通过协商解决分歧，以合作促安全，以合作谋发展，主张共同安全，共同发展，这是上合组织框架内多边合作的前提和出发点，更是命运共同体最基本的要求。命运共同体不是凭空而来，也不是一种不切实际的虚幻目标，而是从中国与地区国家开展合作的历程中总结提炼出来可以惠及各方的经验和原则。

应该形成关于上合组织命运共同体的共同文件，阐释其基本原则以及与“上海精神”在本质上的因承关系。在人类命运共同体被写入联合国文件之后，上合组织对在成员国所在地区践行这样一种全新合作理念应该有更加清晰、全面、权威的阐释。把解决地区和平与发展的“中国智慧”“中国方案”变成上合组织成员国共同提出的新理念，也就是“上合智慧”“上合方案”。

第二，进一步夯实上合组织命运共同体的经济和人文基础。把构建地区命运共同体具体化为成员国合作的成果，增强其吸

① 国务院新闻办：《〈中国的和平发展〉白皮书（全文）》，2011 年 9 月 6 日，http://www.gov.cn/jrzg/2011-09/06/content_1941204.htm。

引力和说服力，需要切切实实在经济和人文领域取得成果，激发成员国经济发展的潜力，增进成员国民众间的友好情谊。在构建命运共同体的过程中，不能只把它作为一个简单的口号和未来的远景，过分概念化、理想化，其结果只能使其他成员国失去兴趣，使成员国民众难以感受到其真正的魅力所在，无法成为各方认同的目标，甚至影响中国领导人在国际舞台上提出的构建人类命运共同体的重要合作倡议。

目前来看，上合组织在多边经济合作和人文交流方面进展不大，很多还停留在双边层面甚至纸面上，需要尽快改变这样的局面。经济和人文合作需要上下结合，仅靠官方的投入和努力难以持续，要发挥中小企业、地方、社会组织的作用，在一些既有人文属性又有经济效益的领域加大工作力度，如卫生、科技、环保、旅游和体育等，加强扶植相关产业，使成员国能够从中受益。应该明确上合组织命运共同体在经济和人文领域的支撑是什么，不是局限于经济的互补性和官办的交流活动，应与成员国实现互利共赢的发展以及确立世代友好的原则相关联，在一些重点领域确定不同时期要达到的合作目标，制定具体的合作规划，以3—5年为一个周期，争取经济和人文合作能有明显进展。

第三，借助上合组织命运共同体促进民心相通。上合组织成立后，中国与俄罗斯、中亚国家的联系越来越紧密，双边关系不断提升，都建立了全面战略伙伴关系。但是，要真正实现民众的相互亲近、和睦共处尚有许多工作要做。应加强媒体之间的合作，特别要有针对性地增加青年学生的交流和边境地区的合作，有利于形成良好的舆论环境，把更多关于对方积极、正面的信息传递到这些相邻国家，从而培养更多的相互亲近感。让其他成员国民众从内心接受命运共同体是一篇大文章，必须在细节上下功夫。

应该争取创造一个好的舆论环境，在多领域、多层次交流中促进文明互学互鉴，就建设人文共同体提出更多、更好的发展思路。举办上合组织民间友好论坛是一项非常有益的举措，此外，通过为其他成员国培训专家、增加留学生和青年交流的名额，也有助于使命运共同体与建设“智力丝绸之路”相互促进。上合组织成员国文化传统各异，人文合作不能急功近利，要绵绵用力，久久为功，从尊重对方的文化、习俗和生活习惯开始，发挥人文合作方式灵活多样又为普通民众喜闻乐见的优势，让更多人接受中国的新主张，拉近上合组织成员国与中国民众之间心理上的距离。

第四，上合组织要成为构建人类命运共同体的典范。中国领导人在国际组织中率先倡导建设命运共同体、利益共同体就是在上合组织峰会上，可见该组织对中国外交的特殊意义。新时代的中国外交，最重要的目标就是构建人类命运共同体和构建新型国际关系。要上合组织承担起解决所有地区性难题、解决双边关系中存在的各种矛盾是不现实的，而且上合组织要成为一个区域一体化的机制，目前来看条件还不具备。上合组织成员国在国际舞台上最重要的作用是相互扶持、相向而行、彼此信任、友好相待，这恰恰是构建人类命运共同体所应秉持的原则。提到命运共同体，首先想到的是遭遇的问题和磨难是类似的，地区国家在巨大的挑战面前能够团结起来，共克时艰。一个国际组织要建设命运共同体，关键在于是否具有凝聚力、向心力。命运共同体，与过去经常讲的“上合组织大家庭”、共建“地区美好家园”异曲同工，完全可以在这样一个广阔的区域之内成为现实。

上合组织的合作应该多边和双边并重，不局限在一个特殊的地区，也不局限于包括所有成员国的整体，多数情况下应该考虑所有成员国能够同时参与，条件不够就先从建立双边命运共同体做起，同时还要秉持开放的原则，超越特定的地区和空间。命运共同体不是传统的区域合作机制，应该积极探索新型合作方式和合作路径。从双边来讲，中俄是新型大国关系的典范，中国和中亚国家是大小国家平等合作的典范；从多边来讲，上合组织也应该成为新型区域合作、构建地区命运共同体的典范。

孙壮志，现任中国社会科学院俄罗斯东欧中亚研究所所长，中国世界民族学会副会长，中国俄罗斯东欧中亚学会副会长，中国中亚友好协会副会长，中俄战略协作高端合作智库副理事长兼秘书长，社会变迁研究会副会长，中国社会科学院上海合作组织研究中心主任，中国廉政研究中心副理事长。研究员，中国社会科学院大学国际政治经济学院教授，博士生导师。研究领域为区域合作与国际关系、上海合作组织、独联体国家社会政治等。代表作有《中亚新格局与地区安全》（中国社会科学出版社 2001 年版）、《独联体国家“颜色革命”研究》（中国社会科学出版社 2011 年版）、《中亚国家的跨境合作研究》（上海大学出版社 2014 年版）、《中亚五国社会政治发展30 年：走势与评估》（中国社会科学出版社 2020 年版）、《“丝绸之路经济带”的战略内涵与实现路径》（海南出版社 2014 年版）等。